El ornamento es delito

El ornamento es delito

Arquitectura moderna

Matt Gibberd
Albert Hill

Φ

la casa moderna

01

02

03

Junto a mi escritorio tengo un libro titulado *Harlow: The Story of a New Town*,[1] escrito por mi abuelo, sir Frederick Gibberd. En el interior hay una dedicatoria: «Matt, para cuando seas mayor, de tu abuelo del coche negro. Navidad de 1980». Freddie era un célebre arquitecto, cuya catedral metropolitana de Liverpool [01] está, a mi juicio, a la altura de cualquier gran edificio moderno y anticipa la aclamada catedral de Oscar Niemeyer en Brasilia [02]. Freddie disfrutó del éxito y paseaba con su chófer en un antiguo Rolls Royce descapotable. Cuando era un niño, me fascinaban las seductoras curvas negras del coche y su interior de cuero.

Además del libro, de él también heredé un grabado de Henry Moore. Mi abuelo vivía en las afueras del New Town [03] de la posguerra que él mismo había proyectado —Harlow, en Essex—, y Moore solía presentarse en su casa a la hora del almuerzo. Mi tía Sophie recuerda que, en una de estas visitas, el artista modeló distraídamente algunos animales de granja utilizando un bloque de plastilina que había sobre la mesa. Se hizo una pausa en la conversación; todos intentaban calcular el valor de esas «esculturas», hasta que Moore las aplastó con la mano abierta.

Solo tenía seis años cuando falleció mi abuelo, pero la admiración que él sentía por la arquitectura moderna ha ido pasando de generación en generación. Mi padre también es arquitecto; la arquitectura parece ser una de esas disciplinas que atrapa con sus garras a una familia y no la deja escapar. Dicho esto, mi padre solo me dio un único consejo profesional en toda su vida, tan claro como conciso: «Haz lo que quieras, siempre que no sea arquitectura». Conocía por experiencia las frustraciones derivadas de trabajar con clientes malhumorados, con las limitaciones de las normativas urbanísticas y la dificultad de ver por fin algo construido. Atendiendo a sus palabras, me he entregado de lleno a mi obsesión por los edificios, pero sin diseñarlos: he escrito sobre ellos en periódicos y revistas, planifico mis vacaciones según las casas modernas que tendré la oportunidad de visitar y, desde que cofundé la agencia inmobiliaria The Modern House, en 2005, también he vendido cientos de ellas.

The Modern House[2] fue una idea de mi gran amigo, socio y coautor de este libro, Albert Hill. Somos una rareza en el sector inmobiliario. No nos centramos en una localidad específica, sino en la calidad del diseño. Muchos de los proyectos que mostramos en estas páginas han pasado por nuestra agencia, desde High & Over (p. 183), que fue la primera casa auténticamente moderna construida en el Reino Unido, hasta las interpretaciones estilísticas más recientes de Graham Bizley (p. 109) y Carl Turner (p. 143), pasando por algunas maravillas de mediados de siglo, como Farnley Hey (p. 115).

Albert y yo estudiamos Historia del Arte y Arquitectura en la universidad. La Bauhaus fue nuestra entrada académica al Movimiento Moderno, junto con el exuberante expresionismo abstracto que dominó el arte norteamericano a mediados del siglo XX. Sumergirnos en el mundo de la arquitectura moderna nos ha permitido apreciar mejor sus complejidades. Cuando acabé la carrera, empecé a trabajar como jefe de redacción en *The World of Interiors* y Albert fue director de diseño en *Wallpaper;* no hay nada como una revista para afinar la mirada.

Para nosotros, el término «modernidad» tiene un significado múltiple. El objetivo de este libro es identificar sus principales características estéticas y demostrar que el más pionero de los estilos arquitectónicos sigue vigente en pleno siglo XXI. Si la arquitectura moderna fuera un árbol genealógico, arquitectos contemporáneos como Smiljan Radic, Tadao Ando y John Pawson habrían heredado, con toda certeza, la fisonomía de maestros modernos como Walter Gropius, Le Corbusier y Frank Lloyd Wright.

Los edificios que aparecen en este libro —todos ellos de casas independientes— se han agrupado de acuerdo con una estética común y en ausencia deliberada de jerarquías para ilustrar, por ejemplo, que una casa de Yokohama construida en 2012 comparte linaje moderno con la Maison Guiette de Le Corbusier en Bélgica, construida unos noventa años antes (p. 142). Al mostrar estos edificios en blanco y negro y no en color, hemos puesto de relieve la forma y la disposición de los alzados más que los detalles de la planta o el contexto geográfico. El resultado es un manifiesto visual que busca resituar la modernidad como un estilo que ha llegado intacto a nuestros días. Y en el proceso aparecen temas muy claros: cubiertas planas, estructuras cúbicas o cilíndricas, grandes ventanales horizontales, la honestidad de los materiales y una tendencia a la simplicidad exterior. Todas esas características se plasman en buena parte de la arquitectura de finales del siglo XX y principios del siglo XXI que sigue al período generalmente conocido como modernidad.

Sin duda, es significativo que exista una atrevida ausencia de decoración exterior. El título del libro se inspira en una conferencia pronunciada en 1910 por el sarcástico arquitecto y teórico austríaco Adolf Loos, llamada «Ornamento y delito»[3]. En respuesta a las exuberantes formas del Art Nouveau, Loos declaró que los detalles decorativos solo podían satisfacer a los degenerados; en su opinión, el auténtico diseño tenía que ser fuerte, sin concesiones ni adornos. Sus edificios, como Villa Müller (p. 139) y la Casa Steiner (p. 40), eran económicos, funcionales y de una gran pureza formal.

La actitud de Loos causó un profundo efecto y por toda Europa surgieron los brotes blancos de la arquitectura moderna. Las nuevas posibilidades estructurales del acero y el hormigón eliminaron las restricciones de pequeñas habitaciones celulares. Y la gradual erosión de las jerarquías sociales de principios del siglo XX llevó a los hogares a depender cada vez menos de los sirvientes. El resultado fue un nuevo entorno familiar más abierto, en el que grandes superficies de vidrio llevaban el exterior hasta el interior.

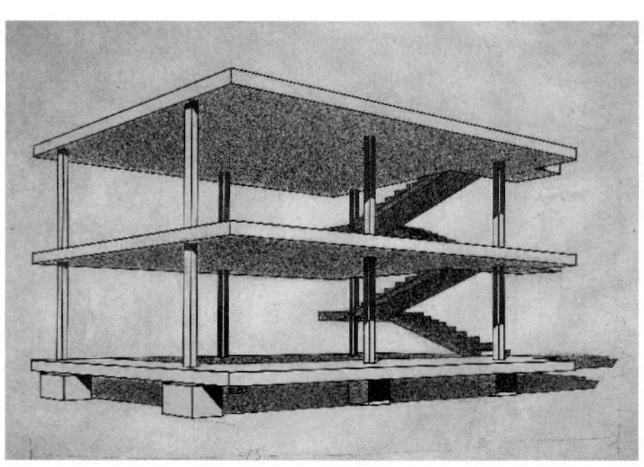

04

Este cambio de actitud contrarrestó las fuerzas destructivas de la Primera Guerra Mundial. El gran arquitecto suizo-francés Le Corbusier proyectó su Maison Dom-ino (1915), llamada así porque sus extremos podían unirse como fichas de dominó para crear un prototipo de vivienda modular destinada a ofrecer una solución muy fácil de construir y así paliar la devastación sufrida en Flandes [04]. Estaba compuesta por tres losas de hormigón sostenidas por columnas y conectadas a través de una escalera. A primera vista parece una solución increíblemente sencilla, pero este tipo de estructura ha ejercido un gran impacto a lo largo del tiempo y ha servido de inspiración a millones de casas, bloques de apartamentos y rascacielos desde entonces. Mirando por la ventana desde aquí, en Londres, puedo contemplar a uno de sus descendientes más directos y conocidos: el Highpoint, proyectado por Berthold Lubetkin [05].

05

En su polémico libro *Vers une architecture,* Le Corbusier incluyó una frase que se ha hecho célebre: «una casa es una máquina para vivir». Consideraba que la vivienda ideal tenía que ser visualmente ligera y flotar en el aire sobre pilotes, contener elementos industriales, enfatizar la continuidad de los muros exteriores y tener ángulos rectos claramente definidos y ventanas sin molduras en franjas horizontales. El arquitecto plasmó estas ideas en una serie de innovadoras villas construidas en París y sus alrededores, todas ellas blancas y carentes de decoración superficial. Albert y yo fuimos a verlas hace unos años. La Villa Savoye (p. 21), en el barrio de Poissy, sigue siendo vanguardista y es el referente para otras casas modernas. Por ejemplo, la Casa Blairgowrie, en Australia (p. 136), y la Casa entre los árboles, en Sebo-Lichy, Eslovaquia (p. 111), con cubierta plana y elevadas sobre pilotes, se inspiran Le Corbusier.

En Alemania, el fin de la Primera Guerra Mundial y la abolición de la censura abrieron la puerta a la liberación artística. En 1919, Walter Gropius fundó la escuela de la Bauhaus [06], que pretendía crear una obra de arte total —*Gesamtkunstwerk*—

06

07

08

aunando distintas disciplinas, desde la artesanía hasta la arquitectura, bajo un mismo techo. Gropius había trabajado con el arquitecto Peter Behrens, cuya obra para la compañía eléctrica AEG, incluyendo la fábrica de turbinas en Berlín [07], aprovechó el nuevo potencial de la producción en masa, y la Bauhaus empezó a funcionar en un ambiente de racionalidad y funcionalidad.

Ludwig Mies van der Rohe lideró el auge de la modernidad en Berlín y en 1930 fue nombrado director de la Bauhaus. Su Pabellón alemán de Barcelona [08], de 1929, destinado en un principio a ser solo una estructura provisional, tuvo tanta influencia como la Villa Savoye de Le Corbusier. Sus líneas claras, el énfasis en la horizontalidad, los muros de hormigón y el extenso acristalamiento continúan siendo un modelo para gran parte de la arquitectura residencial contemporánea. Podría decirse, por ejemplo, que la Casa D10 (p. 105) de Werner Sobek, construida en 2010, es un descendiente directo del Pabellón de Barcelona de Mies.

En Rusia, la escuela de arquitectura de Vkhutemas se organizó de manera similar a la Bauhaus. También Holanda tuvo su propio grupo modernizador, De Stijl, fundado en Ámsterdam en 1917. Como la Bahuaus, agrupaba una variopinta amalgama de artes plásticas. El enfoque reduccionista del pintor Piet Mondrian, basado en formas puras y colores primarios dispuestos en patrones asimétricos, influyó directamente en la producción arquitectónica de Gerrit Rietveld, cuya Casa Schröder (p. 54) es una obra abstracta tridimensional. El interior fluido y dinámico puede reconfigurarse gracias a un sistema de paneles deslizantes y giratorios, lo que ofrece una variedad infinita de espacios. De pie, frente a la casa, me sorprendió su escasa afinidad con los edificios colindantes. Esta radical estructura de dos plantas es como una mariposa entre un enjambre de polillas. Sus fachadas, articuladas en distintos planos, parecen deslizarse unas detrás de otras.

Con la misma rapidez con la que Adolf Loos había introducido el nuevo espíritu de progreso, los nazis se apresuraron a desterrar sus ideas. La Bauhaus fue inmediatamente denunciada como un campo de adiestramiento de comunistas y muchos de sus protagonistas huyeron, primero a Gran Bretaña y años más tarde a Estados Unidos. También en Rusia, el constructivismo defendido por Konstantin Melnikov y sus contemporáneos se vio obligado a dejar paso al grandilocuente estilo estalinista, al que se conoció con el aciago nombre de postconstructivismo.

Fue un período de grandes cambios para un joven arquitecto como mi abuelo, que tendría unos veinte años cuando emigrantes como Walter Gropius y Berthold Lubetkin encontraron refugio en Gran Bretaña. Freddie estudió en la Birmingham School of Art, donde su mejor amigo y compañero de piso fue F.R.S. Yorke. Yorke, al que familiarmente llamábamos Kay, escribió un libro sobre el nuevo estilo arquitectónico que estaba surgiendo, *The Modern House*[3]. Esta obra dio a conocer el llamado Estilo Internacional al público británico. Setenta años más tarde, Albert y yo, reconociendo la importancia que la publicación de Yorke había tenido para nosotros, tomamos prestado su nombre para nuestra agencia inmobiliaria. Kay Yorke y Freddie Gibberd formaban parte del grupo MARS, un laboratorio de ideas fundado en 1933, en el que también participaron Wells Coates, Maxwell Fry, Ove Arup y John Betjeman. Juntos propusieron un plan pionero para la reconstrucción del Londres de la posguerra, con edificios de apartamentos basados en el concepto de *unité d'habitation* de Le Corbusier.

Mi abuelo se inspiró en los principios de Le Corbusier para el proyecto de su primer edificio, un bloque de apartamentos en el sur de Londres, llamado Pullman Court [09]. Este proyecto exhibía ya una preocupación temprana por el paisaje, que posteriormente hallaría su mayor expresión en su casa de Harlow, donde pasó los últimos años de su vida cuidando de sus árboles y diseminando grandes esculturas por el jardín, hoy abierto al público.

Uno de los mejores amigos de Freddie (y padrino de mi padre) fue Geoffrey Jellicoe, quien se convirtió en el paisajista más importante de su generación. Recientemente, mi padre me ha contado que Freddie y Geoffrey hacían viajes de peregrinación arquitectónica a distintas partes de Europa. También yo suelo hacerlo y saco a rastras a mi familia de la playa para ir a visitar algún edificio en las afueras. Durante años, he elaborado un índice geográfico de los edificios que he visitado por todo el mundo, documentándolo con hoteles y restaurantes interesantes.

09

Este verano, Albert y yo llevamos a nuestro equipo a la Costa Azul para visitar la Villa E-1027, de Eileen Gray (p. 110), un ejemplo emblemático de la modernidad de finales de los años veinte recién remodelado. Exhibe los habituales ingredientes externos —cubierta plana, columnas, color blanco—, pero en el interior pueden verse toda clase de elementos especialmente diseñados para la ocasión («zonas Gray», podríamos llamarlos): sillas, mesas, ingeniosos armarios rinconeros y espejos.

En un viaje que hicimos en verano por carretera, mi esposa y yo conseguimos visitar todos los edificios de Le Corbusier ubicados entre Calais y Marsella. En Los Ángeles, ascendimos por la colina hasta la Casa Hollyhock ("malvaloca"), de Frank Lloyd Wright [10], cuyo diseño está inspirado en la flor del mismo nombre. Wright abogaba por una modernidad más orgánica, derivada del Arts & Crafts. Del mismo modo que Picasso y Braque reinventaron el concepto de obra de arte a través del cubismo, Frank Lloyd Wright reformuló la arquitectura doméstica reduciéndola a planos abstractos. En la Casa de la cascada (p. 132), su mejor obra, la vivienda se fusiona literalmente con la roca, convirtiéndose en parte integrante del lugar.

10

La modernidad pura no se implantó en Estados Unidos hasta la llegada de los europeos en los años treinta. Mies van der Rohe se instaló en Chicago y se puso a trabajar explotando el potencial del muro cortina para construir brillantes rascacielos. Tras su breve pero agitada estancia en Gran Bretaña, Walter Gropius y Marcel Breuer llegaron a la Harvard Graduate School of Design en 1937, donde iniciaron en el Estilo Internacional a toda una generación de arquitectos estadounidenses.

Mis viajes del pasado verano me llevaron a Wellfleet, en Cape Cod, en la costa este de Estados Unidos, un lugar que fue un verdadero banco de pruebas para las nuevas ideas. Allí, en los años cuarenta, Marcel Breuer y Serge Chermayeff construyeron casas con las que crearon un escenario de contrastes con el paisaje. El inclemente clima marino de Cape Cod impone una sensación de no permanencia y muchos edificios se elevan sobre pilotes para permitir que el agua, la nieve o la marea circulen por debajo. Por ejemplo, la Casa Hatch (p. 190), de Jack Hughes Hall, dispone de una serie de paneles exteriores de madera para proteger del viento invernal, pero que pueden plegarse para crear una agradable y llana apariencia.

Este lenguaje también ha sido adoptado por arquitectos australianos: por ejemplo, la Casa Carter/Tucker, de Sean Godsell (p. 109), también exhibe una fachada anónima, con cerramientos sin marco que se abren y se cierran. Respondiendo más a las condiciones ambientales que a las de tipo urbano, la Casa hundida de David Adjaye, en Londres (p. 156), es otra caja de madera de sencillo diseño que desafía el denso tráfico de la zona. En Suecia, el estudio de Furillen, de Andreas Forsberg (p. 204), un cubo recubierto de acero resistente a la intemperie, es igualmente flexible: las escaleras se despliegan de la fachada como para permitir la entrada de un marciano en una nave espacial. Independientemente del país, el clima o el contexto, este libro ilustra cómo muchos arquitectos recuperan la modernidad para seguir avanzando.

Mención especial merece Richard Neutra, quien sin duda es uno de los maestros más elocuentes del lenguaje moderno. Cuando estuve en Palm Springs, busqué su Casa Kaufmann (p. 144), comparable en importancia a la Casa de la cascada de Frank Lloyd Wright y encargada por la misma familia. Paseando por el lago Sliver, en Los Ángeles, me sorprendió ver tantas casas suyas en un mismo lugar (dicen que solo los vagabundos y los ingleses pasean por las calles de LA, y tienen razón). Neutra era un expatriado austríaco que construyó su vivienda más conocida, la Casa Lovell (p. 148), el mismo año que la E-1027 de Eileen Gray, con la que comparte su mismo ADN arquitectónico.

Neutra fue uno de los arquitectos que participaron en el Case Study Program, una serie de viviendas experimentales construidas entre 1945 y 1966 bajo el patrocinio de la revista *Arts & Architecture*. La más reconocible es la Case Study House n.º 22 (p. 22), de Pierre Koenig, que, tras ser fotografiada por Julius Schulman, se convirtió en imagen de la arquitectura del Movimiento Moderno de mediados de siglo en Los Ángeles. A mi esposa y a mí nos dieron media hora para visitar la casa e hicimos lo que haría cualquier visitante: sacar nuestras cámaras e intentar imitar la emblemática foto que Schulman tomó, cuando ya anochecía, de la sala de estar completamente acristalada, con su prominente saledizo. Cuando el sol empezaba a ponerse, nos dimos cuenta de que las lámparas que colgaban dentro de la casa se alineaban a la perfección con las farolas de la calle. De nuevo, no es difícil reconocer que esta influyente casa de Los Ángeles es el precedente directo de la Casa Invisible de Peter Stutchbury, construida en Australia en 2012 (p. 61).

Visitamos, asimismo, la Casa Eames (p. 62), también llamada Case Study House n.º 8, en Pacific Palisades. El aspecto exterior recuerda a una pintura de Mondrian: una rigurosa estructura pintada de negro e intercalada con bloques de color. El interior, en cambio, es más sosegado y se articula como un lienzo vacío frente al desorden estratégicamente situado por Charles y Ray Eames. La Lounge Chair de los Eames, diseñada hace más de 60 años como una versión actualizada de la antigua silla de club inglesa, sigue siendo la mejor elección para cualquiera que aspire a la modernidad y ocupa un lugar destacado en muchas de las casas de nuestros clientes.

Las Case Study Houses influyeron a toda una generación de arquitectos y la Casa Farnsworth, de Mies van der Rohe (p. 104), en Illinois, construida en 1951, comparte el mismo linaje. Como un pabellón de acero flotando en el paisaje, sirvió de inspiración para la Casa Wedgwood, de Peter Aldington y John Craig (p. 157), entre muchas otras. Es difícil imaginar que proyectos recientes, como la Casa Olnick Spanu de Alberto Campo Baeza (p. 67) o el Pabellón de Cristal de Steve Hermann (p. 102), hubieran podido ver la luz sin los esfuerzos pioneros de Neutra, los Eames y Mies.

De hecho, un siglo después, el Movimiento Moderno continúa siendo tan contundente y emocionante como al principio y para muchos arquitectos contemporáneos es su principal referencia. Quizá el ejemplo más elocuente sea el edificio de la cubierta de este libro, diseñado por Bruno Fiorettl Marquez. Situado en el campus de la Bauhaus, en Dessau, es una interpretación de dos viviendas proyectadas por Walter Gropius, que fueron parcialmente destruidas en un ataque aéreo durante la Segunda Guerra Mundial. En vez de crear sucedáneos idénticos, Marquez conservó las proporciones originales, pero redujo más los volúmenes minimalistas con un acristalamiento semiopaco y fachadas de hormigón gris claro. El resultado es una estructura cúbica, escultórica y fantasmal, que transmite la nostalgia de una fotografía en sepia. Para muchos, parece que el ornamento es más delito que nunca.

Matt Gibberd

adolf loos

«La carencia de ornamento ha conducido a las demás artes hasta alturas insospechadas. Las sinfonías de Beethoven nunca hubieran sido escritas por un hombre que se vistiera con sedas, terciopelos y encajes. En la actualidad, quien lleva una americana de terciopelo no es un artista, sino un payaso o un pintor de brocha gorda.»

– *Ornamento y delito*

Mies van der Rohe: Villa Tugendhat, Brno, República Checa, 1930.

La arquitectura no es cuestión de inspiración, es un procedimiento racional para hacer cosas sensatas y, con suerte, hermosas; eso es todo.

– Harry Seidler

Harry Seidler: Casa Rose Seidler, Sídney, Australia, 1950.

Gubbins Arquitectos: Casa Mirador, Casablanca, Chile, 2015.

Decoración: fruslerías, entretenimiento con encanto para un salvaje.

– Le Corbusier

Paul Cremoux Studio: Casa de playa La Caracola, Acapulco, México, 2012.

BAK Arquitectos: Casa Torcuato, Buenos Aires, Argentina, 2013.

Le Corbusier: Villa Stein-de-Monzie, Garches, Francia, 1926.

Maziar Behrooz Architecture: Montauk-Moontalk, Montauk, Nueva York, Estados Unidos, 2008.

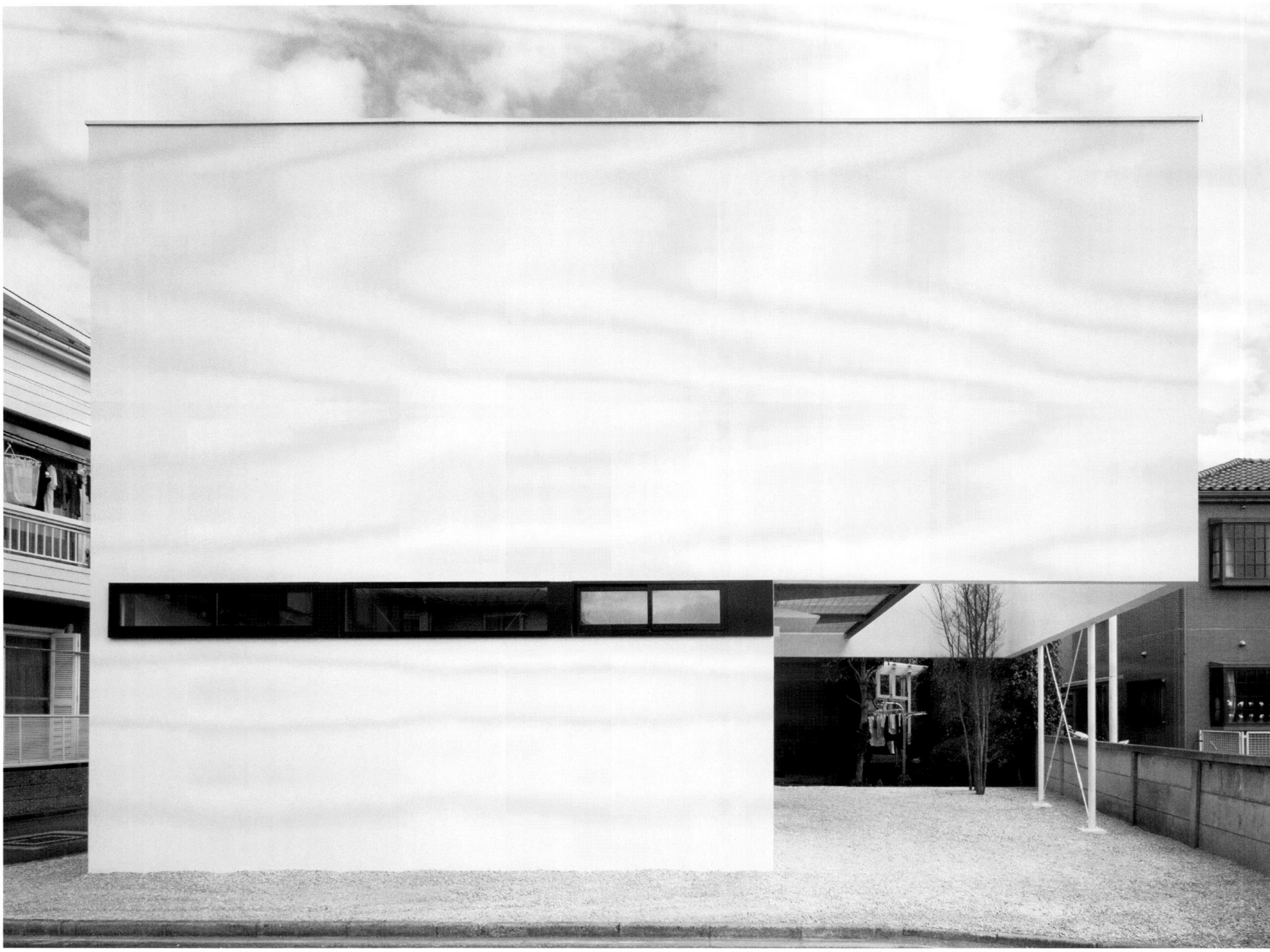

Apollo Architects & Associates: Ring, Tokio, Japón, 2012.

Sin una revolución, ni barricadas ni armas, sino como resultado de una simple evolución acelerada por el ritmo rápido de nuestro tiempo, asistiremos al declive del arte decorativo.

– Le Corbusier

Le Corbusier: Villa Savoye, Poissy, Francia, 1929.

Pierre Koenig: Casa Stahl (Case Study House n.º 22), Los Ángeles, California, Estados Unidos, 1959.

Cuando estaba solo
en la noche de borrachera.
Cuando estaba solo
en la noche enjoyada.

– The Gun Club, «Bad America»

Nicos Valsamakis: Casa de fin de semana Lanaras, Atenas, Grecia, 1963.

El pecado es el único elemento de color real que ha quedado en la vida moderna.

– Oscar Wilde

Herbst Architects: Casa K Valley, Thames, Nueva Zelanda, 2015.

Sean Godsell Architects: Casa en Saint Andrews Beach, Saint Andrews Beach, Australia, 2006.

Ludwig Mies van der Rohe: Casa Hermann Lange, Krefeld, Alemania, 1930.

Studio mk27 + 57Studio: Casa Rocas, El Pangue, Chile, 2012

Werner Sobek: R128, Stuttgart, Alemania, 2000.

Si por eternidad se entiende no una duración temporal infinita, sino la intemporalidad, entonces vive eternamente quien vive en el presente.

– Ludwig Wittgenstein

He visto el futuro
y funciona.
– Prince, «The Future»

Small Projects: Safari Roof House, Petaling Jaya, Malasia, 2005.

Pierre Chareau y Bernard Bijvoet: Casa de Cristal, París, Francia, 1932.

Rogers Stirk Harbour + Partners: Creek Vean, Feock, Reino Unido, 1966.

Eisenman Architects: Casa VI, Cornwall, Connecticut, Estados Unidos, 1975.

Leendert van der Vlugt: Casa C.H. Van der Leeuw, Róterdam, Países Bajos, 1929.

Belleza es una palabra peligrosa, porque se ha estandarizado como algo kitsch.
– Olafur Eliasson

Ryue Nishizawa: Casa Moriyama, Tokio, Japón, 2005.

Hans Scharoun: Casa Schminke, Löbau, Alemania, 1933.

Vida de diseño abierto,
estilo rancho bungaló.
Todas sus comodidades
parecen tan esenciales.

– Roxy Music, «In Every Dream Home a Heartache»

Luigi Rosselli Architects: Casa sobre el acantilado, Sídney, Australia, 2013.

Shigeru Ban: Casa muro-cortina, Tokio, Japón, 1995.

Y quizá soñando con casas
pueda salvarme.
Dame un lugar tranquilo
y mi cabeza podrá
descansar de noche.

– Nina Persson,
«Dreaming of Houses»

Esto va
más allá de mí,
más allá de ti.
La habitación blanca
cerca de una ventana
por donde entra el sol.

– Radiohead, «Daydreaming»

Durbach Block Jaggers: Casa Holman, Sídney, Australia, 2004.

Le Corbusier y Pierre Jeanneret: Villa La Roche, París, Francia, 1925.

TIDY Arquitectos: Casa Schkolnick, Santiago, Chile, 2008.

Philipp Architekten: Casa Phillipp, Hohenlohe, Alemania, 2014.

La vida moderna exige, y está a la espera, de un nuevo tipo de plan, tanto para la casa como para la ciudad.

– Le Corbusier

Charlotte Perriand

«El futuro promoverá los materiales que mejor solucionen los problemas planteados por el hombre nuevo: entiendo por Hombre Nuevo el tipo de persona que sigue el ritmo del pensamiento científico, que entiende su época y la vive: el avión, el transatlántico y el motor están a su servicio; el deporte le proporciona salud; su casa es un lugar de descanso.»

– *Madera o metal*

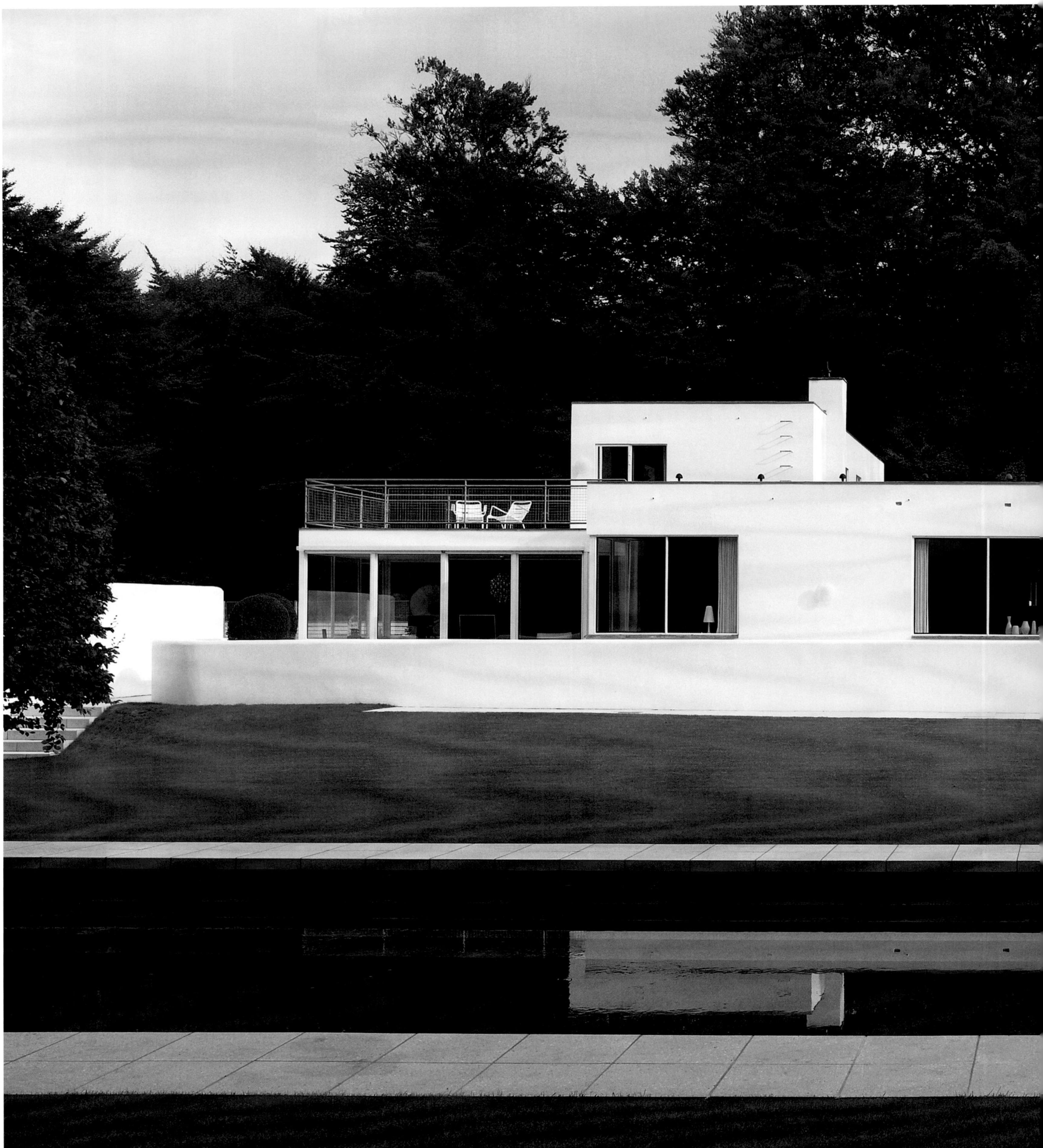

Arne Jacobsen: Casa Rothenborg, Klampenborg, Dinamarca, 1931.

David Barr Architect, Ross Brewin Architecture + Urbanism: Casa de playa suburbana, Perth, Australia, 2012.

Larga vida a la máquina.
El supremo futuro.
Hombre destronado.

– Metallica, «Spit Out the Bone»

ALX: Casa Kamishizu, Sakura, Prefectura de Chiba, Japón, 2005

Giuseppe Terragni: Villa Rebbio, Rebbio, Italia, 1937.

Modernidad significa integridad; significa honestidad; significa ausencia de sentimentalismo y de nostalgia; significa simplicidad; significa claridad. Eso es lo que la modernidad significa para mí.

– Paul Rand

Luz blanca, luz blanca
me altera la mente.
Luz blanca,
¿no sabes que me vas a dejar ciego?
Oh, calor blanco.
El calor blanco me hace cosquillas
en los pies.
Luz blanca, oh, luz blanca,
ten piedad, luz blanca
tómala, solo Dios lo sabe.

– The Velvet Underground,
«White Light White Heat»

Hans van Heeswijk: Casa Rieteiland, Ámsterdam, Países Bajos, 2011.

Adolf Loos: Casa Steiner, Viena, Austria, 1910.

Joseph Esherick: Casa Larsen, San Francisco, California, Estados Unidos, 1962.

Elding Oscarson: Casa Nerima, Tokio, Japón, 2015.

Richard Neutra: Casa Josef Kun #1, Los Ángeles, California, Estados Unidos, 1936.

Mi casa es un palacio de cromo
perdido en Los Ángeles.
Sé que lo conseguiré.
Mi casa es un palacio de cromo.
Islas y viejas baladas
brillando como nuevas.

– Local Natives, «Villainy»

Ian Collins: Casa Collins, Sídney, Australia, 1976.

Atelier 5: Casa W. J. Merz, Suiza, 1959.

Es un nuevo día,
un nuevo amanecer,
una nueva vida.
– Nina Simone,
«Feeling Good»

Kraus Schönberg: Haus W, Hamburgo, Alemania, 2007.

Andrés Remy Arquitectos: Casa Carrara, Buenos Aires, Argentina, 2010.

El paraíso es escaso.
En esta luz que no brilla,
¿cuál es nuestra tarea terrenal
sino un diseño digno?

– Stereolab, «The Free Design»

Una vista para recordar,
pero falta el centro.

– Talking Heads,
«The Overload»

William Lescaze: Casa Lescaze, Nueva York, Nueva York, Estados Unidos, 1936.

Norisada Maeda Atelier: Luna de plástico, Tokio, Japón, 2009.

Te encontraste a ti mismo
en una nueva dirección.
Flechas lejos del sol.
¿Puedes venir?
¿Vendrían ellos a perturbarte?
A hacerte saber que no eres el único.

– Beach House, «Myth»

Las copias, imitaciones y falsificaciones de estilos antiguos quedan rigurosamente prohibidas.

– Condiciones generales de inscripción, Exposición Universal de París, 1925

Inglis Architects: Casa Toorak, Melbourne, Australia, 2013.

Sou Fujimoto Architects: Casa NA, Tokio, Japón, 2010.

Reform Architekt: Lustrzany Dom, Izabelin, Polonia, 2014.

Pongo la radio y sueño despierta en utopías en las que siempre es 24 de julio de 1935, en pleno verano.

– Zelda Fitzgerald

Un mapa del mundo que no incluya
Utopía no merece ni una sola mirada,
porque ignora el único país en el que
la humanidad siempre atraca.
– Oscar Wilde

Alvar Aalto: Villa Mairea, Noormarkku, Finlandia, 1939.

Mário Martins Atelier: Casa Zauia, Lagos, Portugal, 2014.

Los productos deberían estar bien diseñados y ser tan neutros y abiertos como sea posible, dejando espacio para la autoexpresión de quienes los utilicen.
– Dieter Rams

Kubota Architect Atelier: Casa YA, Prefectura de Hyogo, Japón, 2015.

Axelrod architects + Pitsou Kedem architect: Casa G, Tel Aviv, Israel, 2013.

R. M. Schindler: Casa Ralph G. Walker, Los Ángeles, California, Estados Unidos, 1936.

Creo que la belleza plástica es totalmente independiente de los valores sentimentales, descriptivos o imitativos. Todo objeto, cuadro, obra arquitectónica y organización ornamental tiene valor por sí mismo; es estrictamente absoluto e independiente.
– Fernand Léger

Arthur Erickson: Casa Helmut y Hildegard Eppich, Vancouver, Canadá, 1972.

David Chipperfield: Casa privada, Corrubedo, Galicia, España, 2002.

Gerrit Rietveld: Casa Schröder, Utrecht, Países Bajos, 1924.

Quiero abolir el tiempo, especialmente en la contemplación de la arquitectura.
– Piet Mondrian

GPA&A: Casa Lagoa dos Ingleses, Nova Lima, Brasil, 2008.

Estudiantes de la Escuela de Arquitectura Frank Lloyd Wright: Casa Mod.Fab, Taliesen, Arizona, Estados Unidos, 2009.

Fránek Architects: Casa en Červený Kopec, Brno, República Checa, 2004.

adolf loos

«Si cada época tiene su estilo, ¿carecerá la nuestra de uno que le sea propio? Con estilo, se quería significar ornamento. Por tanto, dije: ¡No lloréis! Lo que constituye la grandeza de nuestra época es que es incapaz de realizar un ornamento nuevo. Hemos vencido al ornamento. Hemos decidido finalmente prescindir de él. ¡Observad! Dentro de poco las calles de las ciudades brillarán como muros blancos.»

– *Ornamento y delito*

Richard Meier: Casa en Old Westbury, Old Westbury, Nueva York, Estados Unidos, 1971.

Jim Jennings Architecture: Casa del desierto, Palm Springs, California, Estados Unidos, 2009.

La perfección no se logra cuando no hay nada más que añadir, sino cuando no queda nada por sustraer.

– Antoine de Saint-Exupéry

Peter Stutchbury: Casa Invisible, Blue Mountains, Nueva Gales del Sur, Australia, 2012.

RCR Arquitectos: Casa M-Lidia, Gerona, España, 2005.

Charles & Ray Eames: Casa Eames (Case Study House n.º 8), Los Ángeles, California, Estados Unidos, 1949.

Hopkins Architects: Casa Hopkins, Londres, Reino Unido, 1976.

Philip Johnson: Casa Leonhardt, Lloyd Harbor, Long Island, Estados Unidos, 1956.

Philip Johnson: Casa de Cristal, New Canaan, Connecticut, Estados Unidos, 1949.

Smiljan Radic: Casa Pite, Papudo, Chile, 2005.

La arquitectura es, en última instancia, para el bienestar; la creación de entornos placenteros para todos los aspectos de la vida. Pero también es importante crear lugares que eleven, entusiasmen e inspiren a la gente.

– Zaha Hadid

rzlbd: Casa de opuestos, Toronto, Canadá, 2016.

Pattersons Associates: Casa Parihoa, Auckland, Nueva Zelanda, 2009.

Paul Rudolph: Casa paraguas, Sarasota, Florida, Estados Unidos, 1953.

Porque en la superficie
brillan las luces de la ciudad.
Me están llamando,
ven y encuentra la que más te guste.

– Arcade Fire, «Sprawl II
(Mountains Beyond Mountains)»

Halldor Gunnløgsson: Casa Gunnløgsson, Rungsted, Dinamarca, 1958.

Alberto Campo Baeza: Casa Olnick Spanu, Garrison, Nueva York, Estados Unidos, 2008.

Ahora la gente empieza a comprender, por primera vez, el necesario aislamiento de las obras de arte arquitectónicas y brotan aquí y allá como raras y preciosas flores.
– Bruno Taut

Marcio Kogan: Casa BR, Rio de Janeiro, Brasil, 2004.

Kubota Architect Atelier: Casa-T, Prefectura de Kanagawa, Japón, 2007.

La modernidad nos ha liberado de las restricciones de todo lo que antes se había asociado a una eufórica sensación de libertad.

– Arthur Erickson

Ramón Fernández-Alonso: Apartamentos dúplex, Granada, España, 2002.

Me interesa más la luz
que el color.

– Edward Hopper

Soy un hombre moderno
y los que están detrás de mí
no pueden entenderlo.

– Arcade Fire, «Modern Man»

Alberto Campo Baeza: Casa Raumplan, Madrid, España, 2015.

Manuel Aires Mateus y SIA Arquitectura: Casa en Fontinha, Melides, Portugal, 2013.

Carlos Ferrater: Villa Tagomago, Santa Eulalia del Río, España, 2001.

Se exige a la decoración que sea «simplemente» agradable, «simplemente» bella, pero, al parecer, la lógica «funcionalista» de la modernidad no deja espacio para esa «simplicidad».

– Clement Greenberg

Eric Mendelsohn: Casa Sternefeld, Berlín, Alemania, 1924.

Robert Mallet-Stevens: Villa Noailles, Hyeres, Francia, 1925.

La arquitectura es un acto profundamente político; no privado. No se trata de sentarse en un estudio e inventar lo que uno quiera inventar.

– Daniel Libeskind

Room 11 Architects: Pequeña Gran Casa, Hobart, Australia, 2009.

ALX: Casa en Shimada, Shimada, Japón, 2003.

Boyd Cody: Casa cúbica, Dublín, Irlanda, 2004.

He dicho que el negro lo tiene todo. El blanco también. Su belleza es absoluta. Es la armonía perfecta.
– Coco Chanel

Lode Architecture: Casa D, Bretaña, Francia, 2012.

Fran Silvestre Arquitectos: Casa de aluminio, Madrid, España, 2016.

Las formas complicadas e innecesarias no son más que majaderías de los diseñadores, que sirven más para la expresión propia que para revelar las funciones del producto.

– Dieter Rams

Studio2 Architects: Casa en Wanaka, Wanaka, Nueva Zelanda, 2007.

Ian Shaw Architekten: Pabellón en Siegen, Siegen, Alemania, 2012.

louis sullivan

«Considero de por sí evidente que un edificio, desprovisto totalmente de ornamentación, puede comunicar un noble y digno sentimiento en virtud de su masa y sus proporciones. No me parece evidente que la ornamentación pueda realzar intrínsecamente estas cualidades elementales. ¿Por qué, entonces, usamos el ornamento? ¿No es suficiente una noble y sencilla dignidad? ¿Por qué pedimos más?»

– *El ornamento en arquitectura*

Mackay + Partners: Casa en Wategos Beach, Byron Bay, Australia, 2008.

Raphael Soriano: Residencia Kimpson/Nixon, Long Beach, California, Estados Unidos, 1940.

Altamirano Armanet Arquitectos: Chicureo, Casa Los Bosques, Chile, 2012.

AGi Architects: Chalet S-Cube, Bnaider, Kuwait, 2011.

Juan Carlos Doblado: Casa en La Jolla, La Jolla, Perú, 2013.

Para otras naciones, la utopía es un pasado bendecido que jamás será recuperado; para los americanos, está apenas más allá del horizonte.
– Henry A. Kissinger

Isay Weinfeld: Casa Iporanga, Guaruja, Brasil, 2006.

La maquinaria debería beneficiar a la humanidad, no debería significar una tragedia.
– Charles Chaplin

Amyas Connell: New Farm, Grayswood, Reino Unido, 1933.

Alberto Campo Baeza, Casa Guerrero, Cádiz, España, 2005.

Desperdiciamos la vida en los detalles.
¡Simplicidad, simplicidad, simplicidad!
– Henry David Thoreau

Los mejores edificios construidos desde 1800 son los menos ornamentados.

– Henry-Russell Hitchcock y Philip Johnson

Henry van de Velde: La Nouvelle Maison, Tervuren, Bélgica, 1927.

Liechti Graf Zumsteg: Casa en el río, Windisch, Suiza, 2001.

Tengo agua, tengo ron.
Espera el amanecer
y el amanecer llegará.
– REM, «Underneath the Bunker»

Friis & Moltke: Casa Knud Friis, Brabrand, Dinamarca, 1958.

Robert van't Hoff: Villa Henny, Huis ter Heide, Países Bajos, 1916.

En la arquitectura pura, el más pequeño detalle debería tener significado o servir a un propósito.
– A. W. N. Pugin

Richard Neutra: Casa Tremaine, Santa Bárbara, California, Estados Unidos, 1948.

Connell, Ward & Lucas: 66 Frognal, Londres, Reino Unido, 1938.

Craig Ellwood: Residencia Kawahara, Los Ángeles, California, Estados Unidos, 1969.

Aránguiz-Bunster Arquitectos: Casa puente, Puerto Varas, Chile, 2010.

La honestidad absoluta
es la marca del hombre
verdaderamente moderno.
– J. G. Ballard

Raul F. Garduno: Casa en la ladera, Los Ángeles, California, Estados Unidos, 1962.

Mathias Klotz y Magdalena Bernstein: Casa Raúl, Aculeo, Chile, 2007.

Para mí, el impulso hacia la monumentalidad es tan innato como el deseo sexual o las ganas de comer, por más que los denigremos. Los momentos difieren según las épocas. Cada una tiene los suyos.

– Philip Johnson

Philip Johnson: Casa Robert C. Wiley, New Canaan, Connecticut, Estados Unidos, 1950.

Marcel Breuer: Casa Starkey, Duluth, Minnesota, Estados Unidos, 1955.

Creo en los espacios vacíos;
son lo más hermoso.

– Anselm Kiefer

Martino Pedrozzi: Casa en Sonvico, Lugano, Suiza, 2010.

Nunca he visto una línea recta que no me gustara.
– Carmen Herrera

Made In: Villa Chardonne, Ginebra, Suiza, 2008.

Scott Tallon Walker: Casa de verano Goulding, Enniskerry, Condado de Wicklow, Irlanda, 1973.

La basura siempre está profusamente decorada.
– Le Corbusier

El largo camino desde el material hasta la forma, pasando por la función, tiene una única meta: crear orden a partir de la más absoluta confusión.

– Ludwig Mies van der Rohe

Norisada Maeda Atelier: Casa AG+, Fujisawa, Prefectura de Kanagawa, Japón, 2008.

Pasel.Kunzel Architects: V13K05, Leiden, Países Bajos, 2005.

La integridad no necesita normas.
– Albert Camus

Pierre Koenig: Casa Bailey (Case Study House n.° 21), Los Ángeles, California, Estados Unidos, 1958.

Encontrar una forma que se acomode al desorden, esta es ahora la tarea del artista.

– Samuel Beckett

Frohring Ablinger Architekten: Casa P, Austria, 2013.

Bruno Fioretti Marquez: Casa del Director y Casa Moholy-Nagy, Bauhaus, Dessau, Alemania, 2010.

Por muy rica que sea en precursores, la obra verdaderamente grande ha de parecer que rompe con un antiguo orden y, en realidad, constituye un paso devastador, aunque saludable. Excita y paraliza la imaginación al mismo tiempo.

– Susan Sontag

adolf loos

«Los hombres estaban lo suficientemente adelantados como para que el ornamento no les deleitara. Lo suficientemente adelantados como para disfrutar con una pitillera no ornamentada, aunque por el mismo precio pudieran comprarse otra con adornos. Eran felices con sus ropas y estaban contentos de no tener que ir de feria en feria, como los monos, llevando pantalones de terciopelo rojo con galones dorados.»

– *Ornamento y delito*

Steve Hermann: Pabellón de cristal, Montecito, California, Estados Unidos, 2010.

En lo más profundo de cualquier revolución, discretamente oculto, reside cierto clasicismo, que es una forma constante.

– Amédée Ozenfant

Ludwig Mies van der Rohe: Casa Farnsworth, Plano, Illinois, Estados Unidos, 1951.

En la actualidad, la economía hace que la racionalización y la estandarización sean imperativas.
– Ludwig Mies van der Rohe

El edificio se queda en completa soledad; no más afirmaciones polémicas, no más problemas. Ha adquirido su condición definitiva y permanecerá solo para siempre, dueño de sí mismo.

– Rafael Moneo

Werner Sobek: D10, Ulm, Alemania, 2011.

Vipp: Refugio Vipp, Copenhague, Dinamarca, 2014.

Richard Neutra: Casa Oyler, Long Pine, California, Estados Unidos, 1959.

En el paisaje de la extinción, la precisión está cerca de la devoción.
– Samuel Beckett

Paul Rudolph y Ralph Twitchell: Residencia Leavengood, Saint Petersburg, Florida, Estados Unidos, 1951.

Tham & Videgard Arkitekter: Casa Atrio, Gotland, Suecia, 2010.

Juan O'Gorman: Casa y estudio para Frida Kahlo y Diego Rivera, Ciudad de México, México, 1932.

La nueva arquitectura es antidecorativa.
– Theo van Doesburg

Prewett Bizley Architects: Casa verde, Newington, Londres, Reino Unido, 2005.

Nobuo Araki/El arquetipo: Casa Akiya, Yokosuka, Japón, 2011.

Sean Godsell Architects: Casa Carter/Tucker, Breamlea, Australia, 2000.

Comodidad y placer,
todo mezclado.
Y la cultura y la locura.
Crees que lo has visto todo.
Lo has visto todo, excepto
el futuro.

– Sparks, «In the Future»

Eileen Gray: Villa E-1027, Roquebrune-Cap-Martin, Francia, 1929.

Michael Graves: Casa Hanselmann, Fort Wayne, Indiana, Estados Unidos, 1967.

La luz brilla en tu ventana.
Los árboles están tan quietos
y silenciosos.
Sé que estás solo con tu
querido orgullo,
en tu mansión sin amor
en la colina.

– Hank Williams,
«Mansion on the Hill»

Šebo Lichý Architects: Casa entre los árboles, Bratislava, Eslovaquia, 2013.

Shigeru Ban: Casa Sagaponac, Long Island, Nueva York, Estados Unidos, 2006.

Govaert & Vanhoutte Architects: Residencia Roces, Brujas, Bélgica, 2012.

Ladislav Žák: Vila Hugo Zaorálka, Praga, República Checa, 1932.

Este es el mundo moderno
sobre el que he aprendido.
Este es el mundo moderno.
No necesitamos a nadie
que nos diga lo que está bien
y lo que está mal.

– The Jam, «The Modern World»

Teeland Architects: Casa Stealth, Queensland, Australia, 2015.

Sebastián Irarrazaval Arquitectos: Casa Pedro Lira, Santiago, Chile, 2006.

Peter Womersley: Farnley Hey, Farnley Tyas, Reino Unido, 1954.

Quería iniciar una revolución utilizando el arte para crear el tipo de sociedad que yo mismo imaginaba.
– Yayoi Kusama

Robert Mallet Stevens: Rue Mallet Stevens, París, Francia, 1927.

Entrad en la casa de los sueños, hermanos y hermanas. Dejad vuestras deudas dormidas y la historia en la puerta.
– Cecil Day-Lewis

Harry Weedon: Villa Marina, Llandudno, Reino Unido, 1936.

Richard Meier: Casa Ackerberg, Malibú, California, Estados Unidos, 1986.

A veces tenemos que explorar el pasado para encontrar inspiración de cara al futuro. En su acepción más noble, la arquitectura es la encarnación de nuestros valores cívicos.

– Norman Foster

Ian Moore Architects: Casa Rose, Kiama, Australia, 2000.

Cerramos el garaje (y escondimos nuestro Kia).
Y esperamos la oportunidad (para plantear nuestra idea).
El poder de la pareja empieza a recuperarse.
Nuestro futuro depende (de cómo respondamos).

– FFS, «The Power Couple»

Seré tu espejo.
Reflejaré lo que eres,
por si no lo sabes.
Seré el viento, la lluvia y el ocaso.
La luz en tu puerta
para mostrar que estás en casa.

– Velvet Underground,
«I'll be your mirror»

Craig Steely Architecture: Lavaflow 5, Big Island, Hawái, Estados Unidos, 2013.

Homer Delawie: Residencia Delawie II, San Diego, California, Estados Unidos, 1963.

Fink + Jocher: Villa B, Lago Starnberg, Alemania, 2002.

Patkau Architects: Casa lineal, Salt Spring Island, Canadá, 2009.

La modernidad es lo transitorio, lo fugaz, lo contingente; es la mitad del arte; la otra mitad es lo eterno e inmutable.

– Charles Baudelaire

Edward Durell Stone: Casa Richard Mandel, Bedford, Nueva York, Estados Unidos, 1934.

Fran Silvestre Arquitectos: Casa en un acantilado, Alicante, España, 2012.

De las intensas complejidades, surgen simplicidades intensas.
– Winston Churchill

Jadric Architektur: Green House, Austin, Tejas, Estados Unidos, 2013.

VDV ARQ: Casa Pedro, Buenos Aires, Argentina, 2013.

OWEN JONES

«No hay alfombras trabajadas con flores que los pies teman pisar, ni muebles que la mano tema asir, ni ornamentos superfluos e inútiles que un capricho haya añadido y un accidente pueda quitar. Nada podría eliminarse para que el diseño siguiera siendo igual de bueno o mejor.»

– *La gramática del ornamento*

Monte Fuji Architects: Plus, Atami, Japón, 2009.

Declaramos que el esplendor del mundo se ha enriquecido con una nueva belleza.

– F. T. Marinetti

Marcel Breuer: Casa Stillman, Litchfield, Connecticut, Estados Unidos, 1951.

Craig Ellwood: Casa Hunt, Los Ángeles, California, Estados Unidos, 1957.

Denton Corker Marshall: Casa con vistas sobre el valle + viñedo, Yarra Valley, Victoria, Australia, 2012.

Talhouk + Arquitectos Asociados: Casa un patio, Santiago, Chile, 2012.

El requisito previo y fundamental del gusto no es lo que gratifica las sensaciones, sino simplemente lo que agrada por su forma.
– Immanuel Kant

Luigi Snozzi: Casa Snide, Verscio, Suiza, 1956.

Baumschlager Eberle: Casa Flatz, Schaan, Liechtenstein, 2000.

Frank Lloyd Wright: Casa de la cascada, Mill Run, Pensilvania, Estados Unidos, 1938.

Entender lo que significa la simplicidad es una cosa espiritual.
– Frank Lloyd Wright

Snow Kreilich Architects: Casa Koehler, New Brunswick, Canadá, 2000.

Mack Scogin Merrill Elam Architects: Casa de la montaña, Dillard, Georgia, Estados Unidos, 2001.

Joao Batista Vilanova Artigas: Casa Vilanova Artigas, São Paulo, Brasil, 1949.

Tadao Ando: Casa en Chicago, Chicago, Illinois, Estados Unidos, 1997.

Urbem Arquitetura: FMG Monte Alegre, Piracicaba, Brasil, 2014.

Gwathmey Siegel Kaufman Architects: Residencia Haupt, Amagansett, Nueva York, Estados Unidos.

No soy capaz de racionalizar mi interés por los extremos, pero mis colores favoritos son el blanco y el negro.

– Vanessa Beecroft

Wolveridge Architects: Casa Blairgowrie, Blairgowrie, Victoria, Australia, 2012.

ODOS Architects: Maytree, Enniskerry, Condado de Wicklow, Irlanda, 2008.

Favorecería mucho a nuestra estética que nos abstuviéramos completamente del uso de ornamentos durante unos años, a fin de que nuestro pensamiento pudiera concentrarse en la producción de edificios bien formados y elegantes en su desnudez.

– Louis Sullivan

Thomas Phifer y Asociados: Casa en Salt Point, Pleasant Valley, Nueva York, Estados Unidos, 2007.

Mi casa es mi refugio, una pieza emocional de arquitectura, no una pieza fría de conveniencia.
– Luis Barragán

Alberto Campo Baeza: Casa Moliner, Zaragoza, España, 2008.

Adolf Loos: Villa Müller, Praga, República Checa, 1930.

Tráeme un joyero de tristeza
para capturar tus lágrimas.
Cristaliza la ilusión, el brillo olvida que estoy aquí.

– Jeff Buckley, «Jewel Box»

Nuestros proyectos se vuelven más ambiciosos cuando vemos las nuevas posibilidades creadas por la tecnología de otras industrias.
– Zaha Hadid

Paul Rudolph: Casa Walker para invitados, Canibel Island, Florida, Estados Unidos, 1953.

Mas Fernández Arquitectos: Casa Tunquen, Algarrobo, Chile, 2013.

Collins and Turner: Casa de campo Bombala, Monaro Plains, Australia, 1997.

Takeshi Hosaka Architects: Casa en Byobugaura, Yokohama, Japón, 2012.

Cuando contemples una «buena copia» contemporánea de una construcción histórica, no te plantees a qué estilo pertenece, sino a qué civilización. Entonces, la absurdidad, la vulgaridad, el anacronismo y el solecismo de la estructura moderna se te revelarán de forma sorprendente.
– Louis Sullivan

Le Corbusier: Maison Guiette, Amberes, Bélgica, 1926.

Oh, hay muchas oportunidades
si sabes cómo aprovecharlas.
– Pet Shop Boys, «Opportunities»

Antoine Predock: Casa en Venice, California, Estados Unidos, 1991.

Carl Turner Architects: Casa deslizante, Londres, Reino Unido, 2012.

Richard Neutra: Casa Kaufmann, Palm Springs, California, Estados Unidos, 1946.

No te empeñes en ser moderno. Por desgracia, hagas lo que hagas, es la única cosa que no podrás evitar ser.

– Salvador Dalí

Tadao Ando: Casa en Monterrey, Monterrey, México, 2011.

Un centenar de vidas se amontonan en el interior.
Los invitados llegan para depositar su desorden.
El obediente anfitrión y la esposa invitada
salen de la habitación
arreglándose la ropa.

– X, «In This House That I Call Home»

adolf loos

«La epidemia ornamental es reconocida oficialmente y subvencionada con fondos del Estado. Pero, en mi opinión, se trata de una regresión. Rechazo la objeción según la cual el ornamento incrementa la alegría de vivir del hombre civilizado; rechazo la objeción que se disfraza con estas palabras: "¡Pero si el ornamento es bello!" Para mí y para todos los hombres civilizados, el ornamento no incrementa la alegría de vivir.»

– *Ornamento y delito*

Richard Neutra: Casa Lovell, Los Ángeles, California, Estados Unidos, 1929.

He oído que te estás haciendo una pequeña casa en medio del desierto.
Ahora tu vida no tiene sentido.
Espero que escribas algún tipo de diario.

– Leonard Cohen,
«Famous Blue Raincoat»

He roto la frontera azul de los límites del color. He emergido en el blanco. Nadad junto a mí, camaradas pilotos, en este infinito.

– Kazimir Malevich

Donald Olsen: Casa Olsen, Berkeley, California, Estados Unidos, 1954.

Marcel Breuer: Casa Tomkins, Hewlett Harbor, Nueva York, Estados Unidos, 1946.

Las formas primarias son las formas bellas, pues tienen una lectura clara.

– Le Corbusier

Erich Mendelsohn: Casa Weizmann, Rehovot, Israel, 1937.

Beel and Achtergael: Villa V en T, Flandes, Bélgica, 2009.

Christ.Christ. Associated Architects: Casa S, Wiesbaden, Alemania, 2011.

El arquitecto que realmente diseña para el ser humano tiene que saber muchas más cosas que los cinco cánones de Vitruvio.
– Richard Neutra

Richard Neutra: Centro de investigación VDL I, Los Ángeles, California, Estados Unidos, 1932.

Reiulf Ramstad Architects: Casa de verano Dentro-Fuera, Hvaler, Noruega, 2006.

Algo que he aprendido hoy:
el blanco y el negro son siempre gris.

– Hüsker Dü, «Something I Learned Today»

Si queremos que nuestra cultura alcance un nivel superior, estamos obligados, para bien o para mal, a transformar nuestra arquitectura.
– Paul Scheerbart

Stéphane Beel: Villa Maesen, Zedelgem, Bélgica, 1992.

R. M. Schindler: Casa Schindler, Los Ángeles, California, Estados Unidos, 1922.

Adjaye Associates: Casa hundida, Londres, Reino Unido, 2007.

Aldington & Craig: Casa Wedgwood, Higham, Reino Unido, 1974.

Los edificios son estructuras profundamente emotivas que forman nuestra psique. La gente piensa que solo son objetos por los que pueden maniobrar, pero la naturaleza de los espacios influye en el carácter de una persona.

– David Adjaye

Alvar Aalto: Maison Louis Carré, Bazoches-sur-Guyonnes, Francia, 1960.

La modernidad nunca ha significado,
ni tampoco significa ahora, una ruptura
con el pasado, ni nada parecido.
– Clement Greenberg

Álvaro Siza Vieira: Casa Vieira de Castro, Vila Nova de Familicão, Portugal, 1997.

El blanco tiene una calidad genérica que nos gusta.
– Kazuyo Sejima

Waro Kishi: Casa en Kurakuen II, Nishinomiya, Japón, 2001.

Ninguna arquitectura es tan arrogante
como la que es simple.
– John Ruskin

Go Hasegawa and Associates: Pilotes en un bosque, Gunma, Japón, 2010.

Lina Bo Bardi: Casa de vidrio, São Paulo, Brasil, 1951.

El nuevo entorno que vamos a crear deberá traer consigo una nueva cultura.

– Paul Scheerbart

Studio mk27: Casa Redux, São Paulo, Brasil, 2013.

Richard y Su Rogers: Casa Rogers, Londres, Reino Unido, 1969.

Shigeru Ban: Casa desnuda, Saitama, Japón, 2000.

Paul de Ruiter Architects: Villa V, Bloemendaal, Países Bajos, 2011.

Luciano Kruk: Casa golf, Buenos Aires, Argentina, 2015.

MADA s.p.a.m: Casa del padre, Xi'an, China, 1999.

WMR Arquitectos: Casa Till, Navidad, Chile, 2014.

El pasado es necesariamente inferior al futuro. Así es como deseamos que sea. ¿Cómo podríamos reconocer cualquier mérito al más peligroso de nuestros enemigos, el pasado, mentor lúgubre, tutor execrable?
– F. T. Marinetti

Juan O'Gorman: Casa O'Gorman, Ciudad de México, México, 1929.

Shingo Masuda y Katsuhisa Otsubo Architects: Ventana límite, Tokio, Japón, 2014.

Harry Weese: Shadowcliff, Ellison Bay, Wisconsin, Estados Unidos, 1969.

Mackay-Lyons Sweetapple Architects: Cliff House, Nueva Escocia, Canadá, 2010.

GRND82: Casa EF, Barcelona, España, 2015.

le corbusier

«Al fabricante le sale a cuenta contratar a un decorador para disfrazar los fallos que tienen sus productos, ocultar la mala calidad de sus materiales y distraer la mirada de sus defectos, ofreciendo bocados condimentados con brillantes placas doradas y estridentes sinfonías.»

– *El arte decorativo de hoy*

Pierre Koenig: Casa Iwata, Monterey Park, California, Estados Unidos, 1963.

La casa es luminosa y espaciosa y posee toda la solidez, la durabilidad, la calidez, la belleza y la economía que deseamos para la vida moderna. Y el acero lo hace posible.

– Pierre Koenig

Jackson Clements Burrows: Casa árbol, Victoria, Australia, 2009.

La estandarización de los procesos prácticos de la vida no significa una nueva esclavitud ni la mecanización del individuo, sino que libera la vida de un lastre innecesario para que pueda desarrollarse sin trabas y con mayor plenitud.

– Walter Gropius

El futuro siempre ha estado aquí.
El futuro, sea cual sea, no está claro.

– Manic Street Preachers,
«The Future Has Been Here 4 Ever»

Walter Gropius: Casa Gropius, Lincoln, Massachusetts, Estados Unidos, 1938.

3.4 Arquitetura: Casa Solar da Serra, Brasilia, Brasil, 2014.

Sebastián Irarrazaval Arquitectos: Casa ocho al cubo, Puchuncaví, Chile, 2006.

XYZ Architecten: Casa mesa, Epse, Países Bajos, 2013.

En los últimos años, el entusiasmo histérico por la decoración cuasi orgiástica no es más que el espasmo final de una muerte ya previsible.

– Le Corbusier

Workshop / Dionisis Sotovikis: Luz de Tierra, Kapandriti, Grecia, 2009.

Marcel Breuer: Casa Koerfer, Moscia, Suiza, 1967.

Richard Neutra: Casa Staller, Los Ángeles, California, Estados Unidos, 1955.

El objeto de lujo está bien hecho, es sobrio y limpio, puro y sano, y su desnudez revela la calidad de su confección.

– Le Corbusier

John Black Lee: Casa Day, New Canaan, Connecticut, Estados Unidos, 1966.

Contra una superficie blanca
se aprecia mejor el juego
de luces y sombras, de plenitud y vacío.
– Richard Meier

Feyferlik Fritzer: Casa T, Hart bei Graz, Austria, 2005.

Javier Artadi: Casa en la playa en Las Arenas, Lima, Perú, 2004.

Uno de los principios fundamentales del diseño es omitir lo no importante con el fin de enfatizar lo que sí que lo es.
– Dieter Rams

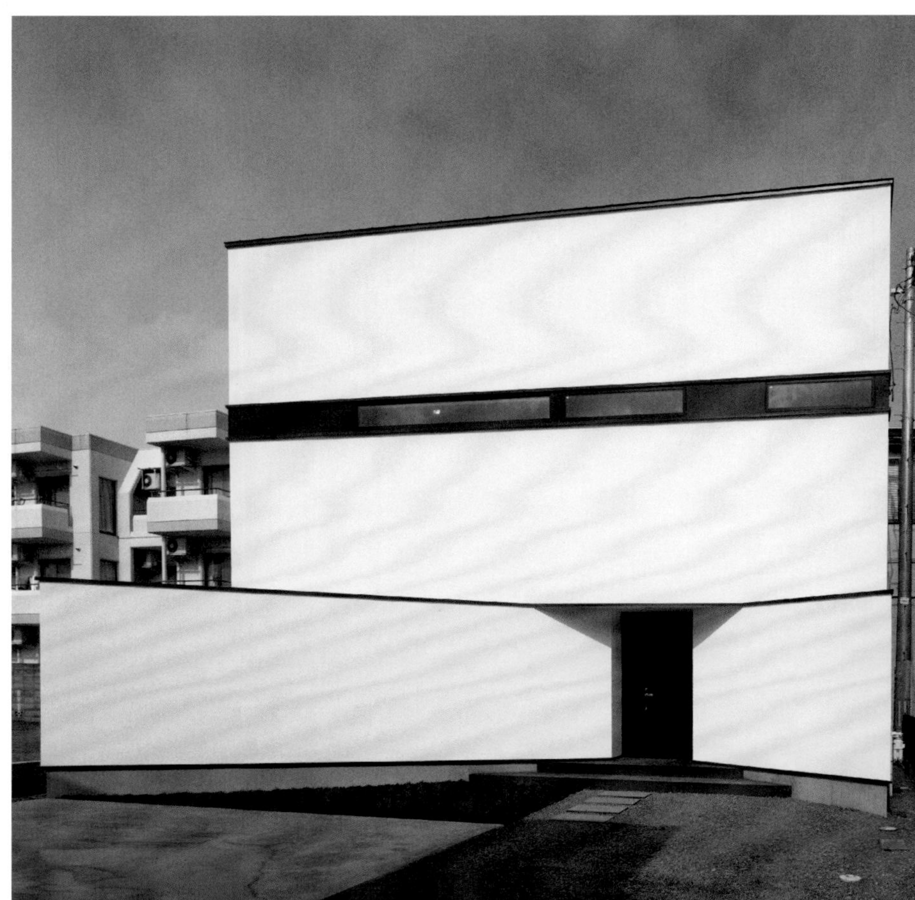

Jun Isihikawa Architects: Casa caja 06, Fukushima, Japón, 2014.

Amyas Connell: High & Over, Amersham, Reino Unido, 1931.

Y no hay noche.
Y no hay noche.
¿Has oído lo que he dicho?
Pero dentro del blanco.

– The Pixies, «Into the White»

Alberto Campo Baeza: Casa De Blas, Madrid, España, 2000.

Suppose Design Office: Cabaña en Hiroshima, Hiroshima, Japón, 2014.

Eero Saarinen: Casa Miller, Columbus, Indiana, Estados Unidos, 1957.

Powerhouse Company: Villa 1, Ede, Países Bajos, 2007.

Creyendo que la máquina era nuestro medio moderno de diseño, intentamos llegar a un acuerdo con ella.

– Walter Gropius

R. M. Schindler: Casa Buck, Los Ángeles, California, Estados Unidos, 1934.

John Pawson: Casa Tetsuka, Tokio, Japón, 2005.

Walter Gropius: Casas de los profesores, Dessau, Alemania, 1926.

Andre Wogenscky: Maison d'habitation et atelier de sculpture, Saint-Remy-les-Chevreuse, Francia, 1952.

GRND82 + Marcos Catalán: Casa MJ, Gerona, España, 2005.

Killingsworth Brady & Smith: Case Study House n.º 25, Long Beach, California, Estados Unidos, 1962.

La casa protege al soñador, la casa nos permite soñar en paz.

– Gaston Bachelard

Bohlin Cywinski Jackson: The Lightbox, Point Roberts, Washington, Estados Unidos.

Jack Hughes Hall: Casa Hatch, Cape Cod, Massachusetts, Estados Unidos, 1960.

Es en la construcción donde radica el malestar social de hoy; arquitectura o revolución.
– Le Corbusier

Diego Montero: Casa Scott, Maldonado, Uruguay, 2006.

Christ.Christ.Associated Architects: Casa R, Karlsruhe, Alemania, 2010.

sigfried giedion

«BELLA es una casa que responde a nuestra manera de entender la vida. Requiere: luz, aire, movimiento, espacio.

BELLA es una casa que se posa suavemente y se adapta a las condiciones del terreno.

BELLA es una casa que permite vivir en contacto con el cielo y las copas de los árboles.

BELLA es una casa que en, vez de sombras, tiene luz.

BELLA es una casa cuyos espacios no despiertan la sensación de estar encerrado.

BELLA es una casa cuyo atractivo se debe a la combinación de funciones bien satisfechas.»

– *Habitar liberado*

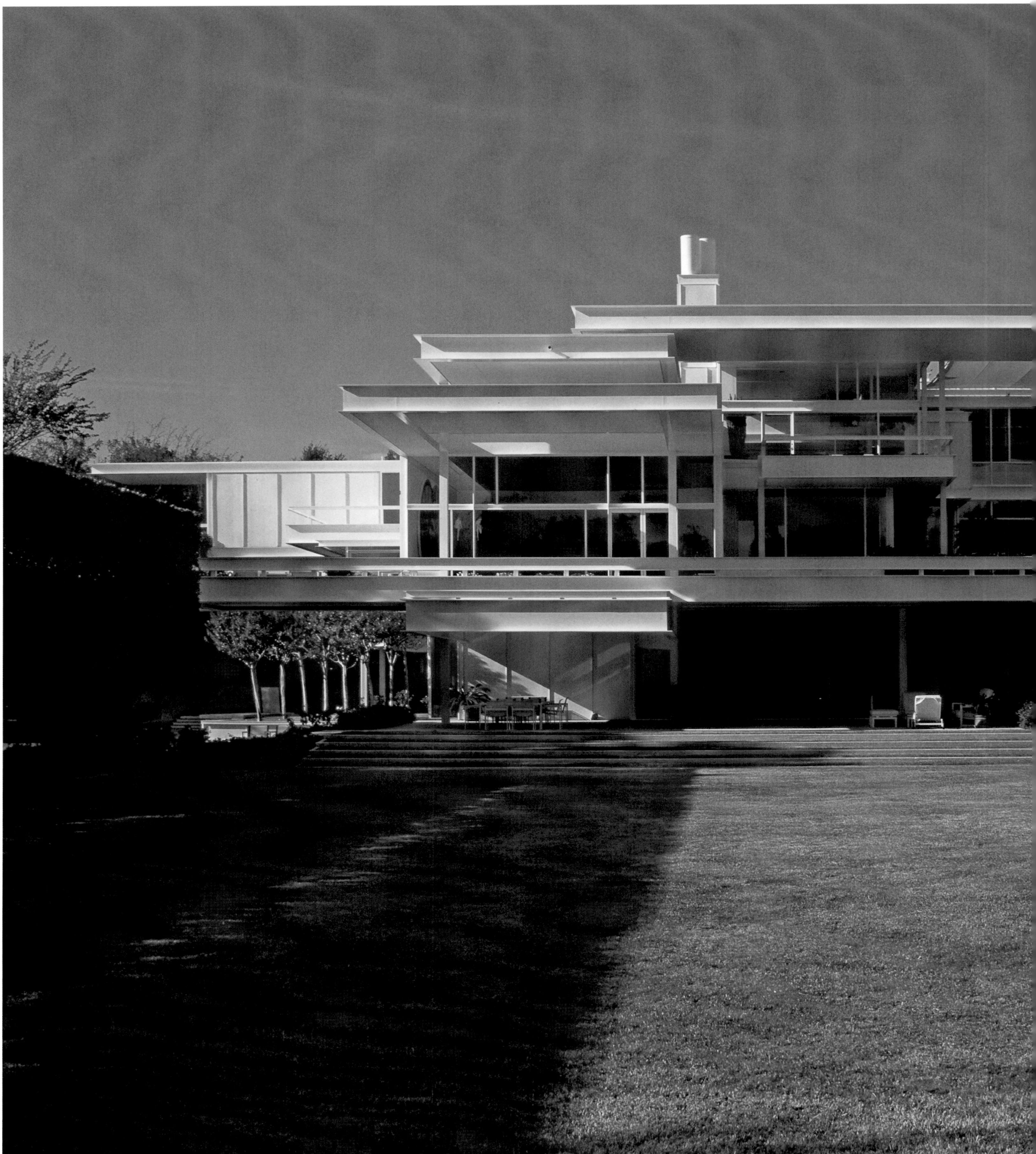

Paul Rudolph: Residencia Bass, Fort Worth, Texas, Estados Unidos, 1976.

Mi objetivo es eliminar las cosas, no para que se vuelvan inhumanas, sino para que necesites solo la cantidad justa de palabras o de formas para expresar lo que desees transmitir.
– Maya Lin

Richard Meier: Casa Douglas, Harbor Springs, Michigan, Estados Unidos, 1973.

Carol A. Wilson Architect: Pabellón en la playa, Kennebunkport, Maine, Estados Unidos, 2013.

Lussi + Halter: Casas Gemelas, Lucerna, Suiza, 2011.

La simplicidad es el mejor y más auténtico ornamento de la mayoría de las cosas de la vida.
– Jonathan Swift

Marcio Kogan: Casa BR, Río de Janeiro, Brasil, 2004.

Besonias Almeida: Casa S&S, Buenos Aires, Argentina, 2015.

Studio mk27: Casa Ipês, São Paulo, Brasil, 2011.

Correia/Ragazzi Arquitectos: Casa en Gerês, Parque Nacional Peneda-Gerês, Portugal, 2006.

El espacio ideal debe contener elementos de magia, serenidad, brujería y misterio.
– Luis Barragán

123dv: Casa puente, Róterdam, Países Bajos, 2011.

Arne Jacobsen: Casa Siesby, Copenhague, Dinamarca, 1959.

WMR Arquitectos: Casa Espinoza, Matanzas, Chile, 2011.

OOA: Villa CD, Oostduinkerke, Bélgica, 2015.

Shinichi Ogawa and Associates: Casa luminosa, Nakatado-gun, Japón, 2011.

Mies van der Rohe: Casa McCormick, Elmhurst, Illinois, Estados Unidos, 1952.

Andreas Forsberg: Estudio Furillen, Gotland, Suecia, 2010.

Juliaan Lampens: Casa Vandenhaute-Kiebooms, Zingem, Bélgica, 1967.

Mathias Klotz Proyectos: Casa Viejo, Santiago, Chile, 2002.

Mies van der Rohe: Landhaus Lemke, Berlín, Alemania, 1933.

Raphael Soriano: Casa Polito, Los Ángeles, California, Estados Unidos, 1938.

Lawrence Kocher y Albert Frey: Casa Aluminaire, Huntington, Nueva York, Estados Unidos, 1932.

La luz se refleja desde su sombra.
Es más de lo que pensaba que pudiera existir.

– The xx, «Angels»

Richard Neutra: Casa Kahn, San Francisco, California, Estados Unidos, 1940.

Dethier: Casa Denis-Ortmans, Jehanster, Bélgica, 2000.

Junquera Arquitectos: Casa en la bahía de Santander, Santander, España, 1983.

Arne Korsmo: Planetveien 12, Oslo, Noruega, 1955.

Quizá los arquitectos que más nos benefician son los que se muestran lo suficientemente generosos como para dejar de lado sus pretensiones de genialidad y se ocupan en construir cajas elegantes, pero esencialmente poco originales.

– Alain de Botton

Charles Gwathmey: Residencia y estudio Gwathmey, East Hampton, Nueva York, Estados Unidos, 1967.

No entiendo que a la gente le asusten las nuevas ideas. A mí me asustan las viejas.
– John Cage

Heinrich Lauterbach: Villa Schmelowsky, Jablonec nad Nissou, República Checa, 1931.

Raymond McGrath: St Ann's Court, Chertsey, Reino Unido, 1936.

MMBB: Casa en Aldeia da Serra, Barueri, Brasil, 2001.

Moarqs y Ottolenghi Architects: Casa Lamas, Tigre, Argentina, 2015.

Pitsou Kedem Architects: In Praise of Shadows, Tel Aviv, Israel, 2014.

Kenneth Scott: Casa Scott, Accra, Ghana, 1961.

Yoritaka Hayashi Architects: Casa Nakameguro, Tokio, Japón, 2010.

Hans y Wassili Luckhardt y Alfons Anker: Am Rupenhorn 25, Berlín, Alemania, 1930.

Utopía, donde los hombres y las mujeres son felices y las leyes son sabias y donde todo lo que está entremezclado y confundido en los asuntos humanos se ha aclarado y resuelto adecuadamente.
– H. G. Wells

Referencias bibliográficas

Adjaye, David (1966): arquitecto nacido en Tanzania y residente en Londres, cuyas influencias van desde el arte contemporáneo, la música y la ciencia hasta las formas tradicionales del arte africano y la vida cívica de las ciudades.

Página 157. Refiriéndose a la actitud británica respecto a la arquitectura, Adjaye rechaza la idea de que los edificios deban ser juzgados únicamente desde el pragmatismo. Entrevista realizada por Tom Dyckhoff, titulada «Behind the Facade», publicada en *The Guardian* el 8 de febrero de 2003.

Arcade Fire: grupo de indie rock canadiense-estadounidense, residente en Montreal (Quebec) y compuesto por el matrimonio Win Butler y Régine Chassagne, junto con el hermano menor de Win, William Butler, y Richard Reed Parry, Tim Kingsbury y Jeremy Gara.

Página 66. Letra de «Sprawl II (Mountains Beyond Mountains)», tema del álbum *The Suburbs* (Merge, City Slang, Mercury) de 2010, escrita por Jeremy Gara, Regine Chassagne, Richard R. Parry, Tim Kingsbury, William Butler, Win Butler. ©Sony/ATV Music Publishing LLC.

Página 70. Letra de «Modern Man», tema incluido también en el álbum *The Suburbs.*

Bachelard, Gaston (1884-1962): filósofo francés que ocupó algunos de los cargos más prestigiosos de la Academia Francesa e hizo importantes contribuciones en el campo de la poética y la filosofía de la ciencia.

Página 189. De su influyente libro *La poética del espacio,* publicado por primera vez en francés en 1958 con el título *La poétique de l'espace*, por Presses Universitaires de France; en él, Bachelard aplica el método de la fenomenología a la arquitectura centrándose en la respuesta personal y emocional frente a los edificios.

Ballard, J. G. (1930-2009): novelista británico, autor de relatos cortos, ensayista y figura clave del movimiento de la Nueva Ola en ciencia ficción. Entre sus obras más conocidas destacan *La exhibición de atrocidades* (1970), *El imperio del sol* (1984), *Rascacielos* (1975) y *Crash* (1973), todas ellas adaptadas posteriormente al cine.

Página 91. Conversando con Richard Kadrey y Suzanne Stefanac, Ballard comenta la «brutal honestidad» de su colega William S. Burroughs con motivo de su muerte. La entrevista se publicó en Salon.com en 1997.

Barragán, Luis (1902-1988): arquitecto mexicano muy influido por la modernidad y que, a su vez, ejerció gran influencia en los arquitectos minimalistas de finales del siglo XX. Barragán ganó el Premio Pritzker, la más alta distinción en el campo de la arquitectura, en 1980, y su propia vivienda, la Casa y Estudio Luis Barragán, fue declarada Patrimonio de la Humanidad por la Unesco en 2004.

Página 138. En 1976, el Museo de Arte Moderno de Nueva York exhibió la obra de Barragán por primera vez. Esta cita aparece en el catálogo que acompañaba a la exposición, junto con noventa y cuatro dibujos del arquitecto.

Baudelaire, Charles (1821-1867): poeta francés, ensayista, crítico de arte y primer traductor de la obra poética de Edgar Allan Poe al francés, conocido por su colección de poemas *Les fleurs du mal.*

Página 121. Del ensayo «El pintor de la vida moderna», escrito en 1860 y publicado por fascículos en *Le Figaro* en 1863, que se convirtió en un texto fundacional por su descripción de la modernidad.

Beach House: dúo de dream-pop estadounidense, residente en Baltimore (Maryland), fundado en 2004 y compuesto por la francesa Victoria Legrand y Alex Scally, nacido en Baltimore. Su primer álbum homónimo, lanzado en 2006, fue muy bien acogido por la crítica.

Página 46. Letra de «Myth», tema del álbum *Bloom* (Sub Pop, Bella Union), de 2012, escrita por Alex Scally, Victoria Legrand. © BMG Rights Management US, LLC.

Beckett, Samuel (1906-1989): novelista, dramaturgo y poeta irlandés, autor de la obra *Esperando a Godot* (1953). Esta considerado uno de los últimos escritores modernos y se le ha incluido entre los más influyentes del siglo XX. Fue galardonado con el Premio Nobel de Literatura en 1969.

Página 98. En respuesta a una pregunta del académico Tom Driver sobre el significado y el sentido (o la aparente falta de sentido) de su obra, Beckett ratifica su firme creencia en la escritura honesta, sugiriendo que cualquier percepción de desorden simplemente refleja el caos que existe a nuestro alrededor y que «la única posibilidad de renovación es abrir los ojos y percibir el desorden. No es un desorden del que podamos extraer ningún sentido».

Beecroft, Vanessa (1969): artista italiana, residente en Los Ángeles, que trabaja en varias disciplinas, como la performance, el dibujo y el vídeo.

Página 136. De una entrevista de 2008 con el historiador del arte y poeta David Saphiro sobre su elección de materiales para la amplia serie de *tableaux vivants*, publicada en museologymagazine.com en 2008.

Buckley, Jeff (1966-1997): cantautor estadounidense; tras una década como guitarrista solista en Los Ángeles, se dio a conocer en los clubes del East Village de Manhattan y posteriormente grabó su único álbum de estudio, *Grace*, en 1994. Se ahogó en Nueva Orleans, en 1997, al ser atropellado por una embarcación mientras cantaba «Whole Lotta Love», de Led Zeppelin. Estaba trabajando en su siguiente álbum, algunas de cuyas canciones se completaron póstumamente.

Página 139. Letra de «The Jewel Box», tema del álbum *Sketches For My Sweetheart* de 1998 (Columbia Records), escrita por Jeff Buckley. © Kobalt Music Publishing America, Inc.

Cage, John (1912-1992): músico vanguardista, poeta, artista y aficionado a la micología estadounidense, cuyas composiciones e ideas poco ortodoxas ejercieron una gran influencia en la música del siglo XX. Conocido particularmente por su composición 4'33", de 1952, en la que los músicos que interpretan la pieza se mantienen en silencio durante el tiempo indicado en el título.

Página 210. De una conversación con el periodista de jazz Arnold Jay Smith, titulada «Reaching for the Cosmos: A Composer's Colloquium», publicada en la revista *Down Beat* en octubre de 1977.

Camus, Albert (1913-1960): filósofo, novelista y periodista francés nacido en Argelia. Ganó el Premio Nobel de Literatura en 1957.

Página 97. De *El mito de Sísifo*, en el que Camus desarrolla uno de los temas fundamentales del existencialismo: el suicidio. Éditions Gallimard lo publicó originalmente en francés en 1942 y, posteriormente, en 1955, Hamish Hamilton lo editó en inglés.

Chanel, Gabrielle Bonheur «Coco» (1883-1971): diseñadora francesa de alta costura y fundadora de la marca Chanel, se le atribuye el mérito de haber liberado el cuerpo femenino de las limitaciones del corsé. Es la única diseñadora de moda que aparece en la lista de las 100 personas más influyentes del siglo xx de la revista *TIME.*

Página 75. De la monografía *Chanel* (1987), del comisario e historiador del arte Jean Leymarie, publicada por Abrams en 1989.

Chaplin, Charles (1889-1977): actor cómico, cineasta y compositor inglés que se dio a conocer durante la época del cine mudo. Conocido por su personaje del «vagabundo» y considerado una de las figuras más importantes de la historia del cine.

Página 84. Hablando con un periodista en 1931, Chaplin demuestra que era muy consciente de los enormes cambios socioeconómicos que estaban transformando el mundo en el período de entreguerras, momento en el que la automatización industrial masiva coincidió con el desempleo generalizado. Es un tema que exploraría posteriormente en su película *Tiempos modernos*, de 1936, que también marcaría la última aparición del «vagabundo».

Churchill, Winston (1874-1965): estadista británico que fue primer ministro del Reino Unido de 1940 a 1945 y de 1951 a 1955. Fue galardonado con el Premio Nobel de Literatura en 1953.

Página 122. La posición de Churchill dentro del gobierno, así como su célebre elocuencia y sentido del humor, garantizaron el éxito de sus libros. Aunque su *Historia de los pueblos de habla inglesa* y su relato de la Segunda Guerra Mundial son más conocidos por el público, los críticos generalmente consideran que *La crisis mundial,* donde aparece esta cita, es su gran obra maestra. El libro lo publicó originalmente en Londres la editorial Thornton Butterworth en 1923.

Cohen, Leonard (1954-2016): cantautor, músico, poeta, novelista y pintor canadiense, cuyos temas líricos exploran la religión, la política, la soledad, las relaciones humanas y la sexualidad, a menudo con un oscuro sentido del humor (muchas veces subestimado). Pasó a formar parte del Salón de la Fama Musical de Canadá en 1991 y del Salón de la Fama del Rock and Roll de Estados Unidos en 2008.

Página 149. Letra de «Famous Blue Raincoat», del álbum *Songs Of Love And Hate* (Columbia Records) de 1971, escrita por Leonard Cohen. © Sony/ATV Music Publishing LLC.

Dalí, Salvador (1904-1989): artista e icono surrealista español, conocido principalmente por su cuadro *La persistencia de la memoria* (1931), en el que aparecen unos relojes que se derriten.

Página 144. Entrada de diario, del 15 de julio de 1952, en su autobiografía *Diario de un genio*, en la que relata su vida de 1952 a 1963. Hoy se considera uno de los textos fundamentales del surrealismo.

de Botton, Alain (1969): escritor y filósofo suizo, cuyas obras publicadas ofrecen una perspectiva contemporánea sobre las bellas artes, la literatura, el amor y la teología. Fundó The School of Life en 2008, con la pretensión de ofrecer usos prácticos para la filosofía de la vida cotidiana.

Página 209. De su libro *La arquitectura de la felicidad,* donde expone los principios básicos de la teoría arquitectónica y promueve una comprensión del entorno construido para que tenga efectos en el bienestar de cada uno. El libro lo publicó Pantheon Books en 2006.

de Saint-Exupery, Antoine (1900-1944): escritor, poeta, periodista y aviador francés, conocido por su novela *El principito*, publicada originalmente por Gallimard en 1943.

Página 60. Del tercer capítulo de su libro *Viento, arena y estrellas,* obra autobiográfica sobre la amistad, la muerte y el heroísmo que obtuvo el Gran Premio de Ficción de la Academia Francesa en 1939, entre otros prestigiosos galardones. Editado por primera vez en Francia en 1939; Reynal and Hitchcock lo publicó en inglés en el mismo año.

Eliasson, Olafur (1967): artista islandés-danés conocido por sus instalaciones a gran escala realizadas con materiales elementales, como la luz, el aire y el agua. En 2003 representó a Dinamarca en la 50 edición de la Bienal de Venecia y, en 2013, recibió el Premio Mies van der Rohe junto con Henning Larsen Architects.

Página 29. De una entrevista con Daniel Birnbaum, que aparece en la monografía *Olafur Eliasson,* publicada por Phaidon en 2002.

Erickson, Arthur (1924-2009): arquitecto y urbanista canadiense conocido por sus edificios modernos de hormigón. Recibió la Medalla de Oro del Instituto Americano de Arquitectos en 1986.

Página 69. Del discurso pronunciado en el año 2000 en la Escuela de Arquitectura de la Universidad McGill en Montreal (Quebec), en el que defiende los objetivos originales del Movimiento Moderno y critica la posmodernidad.

FFS: colaboración de 2015, en directo y en estudio, entre la banda estadounidense de pop Sparks y la banda escocesa de indie rock Franz Ferdinand. Ambos grupos se unieron en 2004 e intercambiaron letras e ideas musicales a lo largo de una década antes de grabar el álbum que lleva el mismo título.

Página 118. Letra de «The Power Couple», del álbum FFS (Domino) de 2015, escrita por Robert Hardy, Alexander Paul Kapranos Huntley, Ronald D. Mael, Russell Craig Mael, Nicholas John McCarthy, Paul Robert Thomson. © Universal Music Publishing Group.

Fitzgerald, Zelda (1900-1948): novelista estadounidense, celebridad e icono de la era del jazz en la América de los años veinte y esposa de F. Scott Fitzgerald, en cuya obra ejerció una gran influencia.

Página 48. De *Querido Scott, querida Zelda: las cartas de amor de F. Scott y Zelda Fitzgerald,* publicado por Bloomsbury en 2003.

Foster, Norman (1935): laureado arquitecto británico, nombrado caballero en 1990 y lord vitalicio en 1999, año en que ganó el Premio Pritzker de Arquitectura. Ha obtenido dos veces el Premio Stirling del Real Instituto de Arquitectos Británicos (RIBA).

Página 117. De una conversación con Max Knoll respecto al papel de la arquitectura británica, publicada en *The European Magazine* en 2014.

Giedion, Sigfried (1888-1968): historiador y crítico de arquitectura suizo. Su libro *Espacio, tiempo y arquitectura* (1941) fue un estudio pionero e influyente en el que se analiza la historia y el contexto cultural de la arquitectura moderna.

Página 193. Del manifiesto «Befreites Wohnen» (Habitar liberado), publicado en 1929.

Greenberg, Clement (1909-1994): ensayista y crítico de arte estadounidense muy relacionado con el arte moderno norteamericano de mediados de siglo xx, en especial por su promoción del expresionismo abstracto.

Página 72. Del artículo «Detached Observations», en el que analiza varios aspectos de la historia del arte, como las nociones de pureza artística. Publicado en *Arts Magazine* vol. 51, en diciembre de 1976.

Página 158. Del artículo «Modernist Painting», publicado por primera vez en *The Voice of America Forum Lectures*, Washington DC, 1960. Precisando algunos de los temas que había abordado en artículos previos, Greenberg plantea la idea de que el arte debe ser autocrítico y ofrece una definición sucinta del movimiento moderno (aunque posteriormente la rechazó).

Gropius, Walter (1883-1969): arquitecto alemán fundador de la Escuela de la Bauhaus y, posteriormente, profesor de la Universidad de Harvard, en Estados Unidos. Ampliamente reconocido como uno de los maestros pioneros de la arquitectura moderna.

Página 174. Del capítulo «The Cultural Politics of the German Modernist Interior», de *Modernism in Design,* de Paul Greenhalgh, publicado por Reaktion Books en 1990. La cita hace referencia a las casas de los profesores de la Bauhaus en Dessau.

Página 186. De *La nueva arquitectura y la Bauhaus,* publicado por MIT Press en 1965, en el que Gropius relata el surgimiento de la Bauhaus y reclama nuevos materiales y técnicas para satisfacer las exigencias de la época. Del capítulo «La Bauhaus–Formación práctica y formal».

Hadid, Zaha (1950-2016): arquitecta anglo-iraquí, ganadora del Premio Pritzker de Arquitectura en 2004 y de la Medalla de Oro del Instituto Americano de Arquitectos en 2016.

Página 64. De «The Architecture of Inclusivity», del informe *Global Cities 2016,* de Knight Frank.

Página 140. De «Interviews with Zaha Hadid: the architect's work in her own words», publicado por Designboom.com en 2016.

Herrera, Carmen (1915): pintora minimalista cubana, afincada en Estados Unidos, cuyo trabajo no fue reconocido hasta 2009, cuando se inauguró una gran retrospectiva de su obra en el Reino Unido. Sus pinturas, influidas por sus estudios de arquitectura, prefiguran el Op Art y el minimalismo de artistas como Ellsworth Kelly, Frank Stella y Kenneth Noland.

Página 94. De una entrevista previa a una exposición histórica en la Lisson Gallery de Londres, en la que se conmemoraba el centenario del nacimiento de la artista.

Hitchcock, Henry-Russell (1903-1987): historiador de arquitectura estadounidense cuyos escritos contribuyeron a definir la arquitectura moderna. Hitchcock fue el comisario, junto con Philip Johnson, de la influyente exposición *Modern Architecture: International Exhibition,* realizada en el Museo de Arte Moderno de Nueva York en 1932, a la que se atribuye la introducción de la modernidad europea entre el público estadounidense.

Página 86. Del libro *El estilo internacional,* de Hitchcock y Johnson, publicado inicialmente como catálogo para acompañar la pionera exposición realizada en el MoMA. Está considerado un texto canónico sobre arquitectura y no ha dejado de publicarse desde 1932.

Hopper, Edward (1882-1967): pintor realista estadounidense cuyos viajes por Europa, especialmente a París, tuvieron una gran influencia en su trabajo. Las pinturas de Hopper se caracterizan por un peculiar juego de luces y sombras, como puede verse en su cuadro más conocido, *Nighthawks.*

Página 70. De una entrevista con la historiadora y crítica de arte Katharine Kuh, incluida en su libro *The Artist's Voice: Talks with Seventeen Artists*, en el que también aparecen otros artistas como Georgia O'Keefe, Marcel Duchamp y Alexander Calder.

Hüsker Dü: trío de hardcore estadounidense nacido en Saint Paul (Minnesota) en 1979, conocido por sus melodías comerciales incrustadas en un sonido duro y por sus temas líricos que tratan metafórica y explícitamente el hecho de crecer en el basurero de América. Los miembros de la banda siguen siendo Bob Mould, Greg Norton y Grant Hart.

Página 154. Letra de «Something I Learned Today», tema del álbum *Zen Arcade* (SST) de 1984, escrita por Bob Mould. © Warner/Chappell Music, Inc., BMG Rights Management US, LLC.

Jones, Owen (1809-1874): arquitecto galés, nacido en Gran Bretaña, que fue uno de los teóricos del diseño más influyentes del siglo XIX y contribuyó a dar a conocer la teoría moderna del color.

Página 125. En su libro *La gramática del ornamento,* de 1856, Jones hace referencia en esta cita a la calidad de las mercancías indias que se expusieron en la Gran Exposición celebrada en Londres en 1851.

Johnson, Philip (1906-2005): arquitecto estadounidense conocido por su promoción del estilo internacional y por su papel en la fundación del Departamento de Arquitectura y Diseño del Museo de Arte Moderno de Nueva York en 1932.

Página 92. Citado en *The New York Times* en la necrológica escrita por Paul Goldberger, titulada «Philip Johnson, Architecture's Restless Intellect, Dies at 98», publicada el 27 de enero de 2005.

Página 86. Del libro *El estilo internacional,* de Hitchcock y Johnson, publicado inicialmente como catálogo para acompañar la pionera exposición realizada en el MoMA. Está considerado un texto canónico sobre arquitectura y no ha dejado de publicarse desde 1932.

Kant, Immanuel (1724-1804); filósofo alemán, considerado el pensador más influyente de la Ilustración y uno de los más grandes filósofos occidentales de todos los tiempos. Sus obras, especialmente las que tratan de epistemología, estética y ética, han ejercido una profunda influencia en el pensamiento filosófico.

Página 131. Del libro *Crítica del juicio*, publicado por primera vez en 1790, en el que Kant analiza cuatro posibles «juicios reflexivos»: lo agradable, lo bello, lo sublime y lo bueno.

Kiefer, Anselm (1945): pintor y escultor alemán conocido por su análisis crítico del mito y la memoria, tótems referenciales del folklore europeo y la historia colectiva.

Página 93. Citado en *The Guardian* el 9 de diciembre de 2011 en un artículo de Alex Needham titulado «Anselm Kiefer: Art is difficult, It's not entertainment», en el que el artista afirma que parte del muro de Berlín –y el espacio vacío que había en medio– tendría que haberse dejado intacto como monumento conmemorativo.

Kissinger, Henry A. (1923): diplomático y científico político estadounidense de origen alemán, que fue asesor de Seguridad Nacional y posteriormente secretario de estado de Estados Unidos en las administraciones de los presidentes Nixon y Gerald Ford. Fue galardonado con el Premio Nobel de la Paz en 1973.

Página 83. Del panegírico de Kissinger en el funeral de Nelson Rockefeller en 1979, a quien se refirió como el «americano por antonomasia».

Koenig, Pierre (1925-2004): arquitecto estadounidense y profesor de arquitectura de la Escuela de Arquitectura de la Universidad de California del Sur. Trabajó principalmente en la costa oeste de Estados Unidos, donde sus proyectos más célebres formaron parte del programa de Case Study Houses, como la n.º 21, también conocida como Casa Bailey (1959), y la n.º 22, llamada Casa Stahl (1960).

Página 173. De *Pierre Koenig: 1925-2004: Living with Steel*, de Neil Jackson, publicado por Taschen en 2007. Koenig habla de su propia casa, conocida con el nombre de Casa Koenig n.º 11, en Glendale (California), construida en 1950, durante su último año de carrera en la Universidad de California.

Kusama, Yayoi (1929): escritora japonesa, autoproclamada «artista obsesiva». Su obra explora la noción del individuo en el espacio y el tiempo mediante colores psicodélicos, repetición y pautas.

Página 115. De su autobiografía *Infinity Net,* publicada en 2011 por Tate Publishing, en la que describe sus años de formación viviendo y trabajando en Japón y Nueva York durante las revoluciones sociales de los años sesenta y setenta, y cómo su arte era un medio documental y, al mismo tiempo, una forma de tratar la enfermedad mental que ella misma se había diagnosticado.

Exposición Internacional de Artes Decorativas e Industriales Modernas (1925): exposición universal celebrada en París de abril a octubre de 1925, concebida para promover el nuevo estilo moderno en arquitectura, decoración interior, mobiliario, vidrio, joyería y otras artes decorativas en Europa y todo el mundo.

Página 47. De las «Condiciones generales de inscripción» para los participantes en la exposición de París de 1925, que puede leerse en su totalidad en el libro *Quotations and Sources on Design and the Decorative Arts,* de Paul Greenhalgh, publicado por Manchester University Press en 1993.

Le Corbusier: nombre de pila Charles-Édouard Jeanneret (1887-1965), pionero arquitecto francés nacido en Suiza, que fue uno de los más influyentes defensores de la arquitectura moderna.

Página 17. De su libro *El arte decorativo de hoy* (originalmente publicado en francés con el título *L'art décoratif d'aujourd'hui*) de 1925, un texto polémico sobre arte decorativo y ornamentación superflua.

Página 20. También de *El arte decorativo de hoy.*

Página 33. De *Hacia una arquitectura,* una serie de ensayos publicados originalmente en 1923 en los que Le Corbusier argumentaba que la arquitectura moderna debía abrazar nuevos ideales. El libro ha tenido un efecto perdurable como texto esencial de la teoría arquitectónica.

Página 95. También de *El arte decorativo de hoy.*

Página 151. También de *Hacia una arquitectura.*

Página 171. También de *El arte decorativo de hoy.*

Página 177. También de *El arte decorativo de hoy.*

Página 191. También de *Hacia una arquitectura.*

Léger, Fernand (1881-1955): pintor, escultor y cineasta francés. Por su tratamiento simplificado de los temas modernos, se le considera el precursor del Pop Art.

Página 52. De su artículo «La estética de la máquina: los objetos manufacturados, el artesano y el artista», publicado originalmente en el *Bulletin de l'Effort Moderne* en enero/febrero de 1924, uno de sus múltiples textos en los que sugiere que el arte podría, y debería, aprender de los principios en los que se basan las máquinas modernas.

Libeskind, Daniel (1946): arquitecto estadounidense de origen polaco, conocido por el Museo Judío de Berlín. En 2003 ganó el concurso para proyectar el plan director de la reconstrucción del World Trade Center, en Nueva York.

Página 73. De una entrevista con Doris Erbacher y Peter Paul Kubitz sobre el Museo Judío.

Lin, Maya (1959): arquitecta y escultora estadounidense conocida por su proyecto del monumento conmemorativo a los veteranos de la guerra de Vietnam en Washington DC, finalizado en 1982.

Página 195. De una entrevista para la prestigiosa American Academy of Achievement, en la que Lin afirma que, en su opinión, menos es realmente más. Fue precisamente su enfoque minimalista para el proyecto del monumento conmemorativo a los veteranos de la guerra de Vietnam lo que suscitó una gran controversia en su momento, ya que el sentimiento general del público era que el diseño no honraba a los muertos como solía hacerlo la arquitectura conmemorativa tradicional y que, por el contrario, era nihilista e incluso ofensivo. Pero su acogida ha dado un giro y en 2007 pasó a ocupar la décima plaza en la lista de mejor arquitectura de Estados Unidos del Instituto Americano de Arquitectos.

Lloyd Wright, Frank (1867-1959): uno de los arquitectos más influyentes del siglo XX, que pensaba que tenían que diseñarse edificios que estuvieran en armonía con la humanidad y con la naturaleza. Su Casa de la cascada, construida en Pensilvania en 1935, es considerada una de las mejores obras de arquitectura de Estados Unidos. Wright fue el precursor del movimiento de la Prairie School y desarrolló el concepto usoniano de vivienda, una visión única del urbanismo estadounidense.

Página 132. En su libro *The Natural House,* publicado en 1954 por Horizon Press, Lloyd Wright estableció su teoría sobre la «arquitectura orgánica», que defendía la integración y la interrelación del diseño con los materiales y el entorno.

Local Natives: grupo de indie rock de Silver Lake (Los Ángeles) conocido por sus armonías tridimensionales y su enfoque polirrítmico para la estructura de los temas.

Página 42. Letra de «Villainy», tema del álbum *Sunlit Youth* (Loma Vista / Infectious Music) de 2016, escrita por Nik Ewing, Ryan Clinton Hahn, Matthew James Frazier, Taylor David Rice, Kelcey Paul Ayer. © BMG Rights Management US, LLC.

Loos, Adolf (1870-1933): arquitecto y teórico austríaco, cuya condena de la decoración en arquitectura le valió el reconocimiento como uno de los fundadores del Movimiento Moderno.

Página 13. De su conferencia «Ornamento y delito», pronunciada en 1910 y publicada por primera vez en *Cahiers d'aujourd'hui* en 1913, en la que Loos atacaba el estilo Art Nouveau dominante, describiendo sus ostentosos ornamentos como incivilizados, irresponsables e, incluso, criminales y en la que proponía una nueva pureza y simplicidad formal basada en el funcionalismo. Es ampliamente reconocido que la conferencia tuvo una gran influencia en el desarrollo de la modernidad.

Página 57. También de «Ornamento y delito».

Página 101. También de «Ornamento y delito».

Página 147. También de «Ornamento y delito».

Malevich, Kazimir (1878-1935): pintor y teórico del arte ruso, pionero en el arte geométrico abstracto y fundador del movimiento suprematista de vanguardia.

Página 150. Después de presentar públicamente, y con gran notoriedad, su pintura *Cuadrado negro,* en 1915, Malevich recurrió al otro extremo del espectro de colores con *Blanco sobre blanco,* expuesto por primera vez en la Décima Exposición Estatal de Moscú en 1919. Esta frase aparece publicada en el catálogo de aquella exposición.

Manic Street Preachers: banda de rock galesa nacida en 1986 en Blackwood (Gales) y formada por James Dean Bradfield, Nicky Wire y Sean Moore.

Página 175. Letra de «Future Has Been Here 4 Ever», tema del álbum *Postcards From A Young Man* (Columbia Records) de 2010, escrita por James Dean Bradfield y Sean Moore. © SM Publishing (UK) Ltd.

Marinetti, Filippo Tommaso (1876-1944): poeta, editor y teórico del arte italiano, fundador del movimiento futurista, conocido por ser el autor del primer *Manifiesto futurista.*

Página 128. Del *Manifiesto futurista*, que abogaba por rechazar el pasado y celebrar la velocidad, la violencia, la juventud y la industria, además de defender la modernización y el rejuvenecimiento cultural de Italia. El manifiesto se redactó en 1908 y vio la luz en el prólogo de un volumen de sus poemas, publicado en Milán en enero de 1909. Posteriormente, se publicó en el periódico italiano *Gazzetta dell'Emilia* y, en francés, en *Le Figaro* en febrero del mismo año.

Página 166. También del *Manifiesto futurista.*

Meier, Richard (1934): arquitecto estadounidense ganador del Premio Pritzker de arquitectura en 1974; ha diseñado varios edificios icónicos, como el Museo de Arte Contemporáneo de Barcelona (1995) y el Getty Center en Los Ángeles (1997).

Página 180. Del discurso de aceptación de Meier al recibir el Premio Pritzker en 1984, en el que responde a las preguntas de su hijo acerca de su color favorito.

Metallica: banda de heavy metal de Los Ángeles. Junto con Anthrax, Megadeth y Slayer, están considerados los pioneros del género trash metal.

Página 38. Letra de «Spit Out the Bone», tema del álbum *Hardwired... To Self Destruct* (Blackened) de 2016, escrito por James Hetfield, Lars Ulrich. © Universal Music Publishing Group.

Mondrian, Piet (1872-1944): pionero holandés del arte abstracto, que contribuyó al movimiento De Stijl, en el que desarrolló una forma no representacional que denominó neoplasticismo.

Página 54. De una carta a Theo Van Doesburg de 1922, citada en el libro *Dutch Culture in a European Perspective 3; 1900; The Age of Bourgeois Culture,* de Jan Bank y Maarten van Buuren, publicado por Palgrave Macmillan en 2004.

Moneo, Rafael (1937): arquitecto español cuyos edificios incorporan tanto referencias contemporáneas como históricas. Ganador del Premio Pritzker en 1996 y de la Medalla de Oro del Real Instituto de Arquitectos Británicos (RIBA) en 2003.

Página 105. En un discurso pronunciado el 9 de marzo de 1985, Moneo reflexiona sobre su reciente designación como director del Departamento de Arquitectura de Harvard y subraya su deseo de que la arquitectura vuelva a centrarse en los edificios, en su entidad material y física, más que en la teoría abstracta de la arquitectura.

Neutra, Richard (1892-1970): arquitecto austríaco, posteriormente nacionalizado norteamericano, que trabajó sobre todo en el sur de California y al que se le atribuye la introducción del estilo internacional en Estados Unidos y el desarrollo del estilo California Modern, especialmente en la arquitectura residencial.

Página 153. De *The Oral History of Modern Architecture: Interviews with the Greatest Architects of the Twentieth Century,* de John Peter, publicado por Harry N. Abrams en 1994.

Ozenfant, Amédée (1886-1966): escritor y pintor cubista francés, quien, junto a Le Corbusier, desarrolló la doctrina del purismo y cofundó la revista *L'Esprit nouveau.*

Página 103. De *L'Esprit nouveau,* una influyente revista dedicada a la estética contemporánea en todas sus manifestaciones, incluyendo arquitectura, pintura y literatura, publicada de 1920 a 1925.

Perriand, Charlotte (1903-1999): arquitecta y diseñadora francesa. Tras su innovadora instalación en el Salon d'Automne de París en 1927, llamó la atención de Le Corbusier y posteriormente trabajó en su estudio diseñando mobiliario e interiores.

Página 35. Del artículo «Madera o metal» de Charlotte Perriand, publicado en *Studio 97* n.º 433, en abril de 1929.

Persson, Nina (1974): cantante y letrista sueca, líder del grupo The Cardigans, que también ha trabajado como solista. Ha publicado dos álbumes, uno con el título *A Camp* y otro con su propio nombre, además de aparecer y grabar como artista invitada en muchos otros actos influyentes.

Página 31. Letra de «Dreaming Of Houses», tema del álbum *Animal Heart* (Lojinx, The End Records) de 2014, escrita por Nathan Larson, Nina Persson y Eric D. Johnson. © BMG Platinum Songs, Fourteen With A Beard Music, The Music Of Nato.

Pet Shop Boys: dúo inglés de pop electrónico, formado en Londres en 1981 por Neil Tennant y Chris Lowe; ha vendido más de cincuenta millones de discos en todo el mundo y aparece en el Libro Guinness de los Récords como el dúo de mayor éxito de la historia de la música del Reino Unido.

Página 143. Letra de «Opportunities», tema del álbum *Please* (Parlophone Records) de 1986, escrita por Neil Tennant y Chris Lowe. © EMI Music Publishing, Sony/ATV Music Publishing LLC.

Pixies: banda estadounidense de rock alternativo formada en Boston (Massachusetts) en 1986, compuesta por Black Francis, Joey Santiago, Kim Deal y David Lovering. Se disolvió agriamente en 1993, pero volvió a reunirse en 2004.

Página 183. Letra de «Into the White», tema incluido en el álbum recopilatorio *Wave Of Mutilation* (4AD) de 2004, escrita por Charles Thompson. © Universal Music Publishing Group.

Prince (1958-2016): cantante, compositor, productor discográfico y multiinstrumentista estadounidense, que combinó el soul, el funk, el pop y el rock con un gran éxito comercial y artístico.

Página 27. Letra de «The Future», tema del álbum de la banda sonora de *Batman* (Warner Bros) de 1989, escrita por Prince Rogers Nelson. ©Warner Bros.

Pugin, A. W. N. (1814-1854): arquitecto y diseñador inglés, pionero del estilo neogótico, recordado principalmente por el diseño interior del Palacio de Westminster, en Londres.

Página 89. De *The True Principles of Pointed or Christian Architecture*, publicado en 1841, una de sus obras más polémicas, en la que expone su creencia en las relaciones sagradas entre la verdad, la santidad y la arquitectura.

Radiohead: banda inglesa de rock formada en 1985 por Thom Yorke, Johnny Greenwood, Ed O'Brien, Colin Greenwood y Phil Selway. Su exitoso enfoque vanguardista, intensamente personal y a la vez comercial, se centra en temas asociados a la alienación contemporánea.

Página 31. Letra de «Daydreaming», tema del álbum *A Moon Shaped Pool* (XL) de 2016, escrita por Colin Greenwood, Johnny Greenwood, Edward O'Brien, Philip Selway y Thom Yorke. © Warner/ Chappell Music, Inc.

Rams, Dieter (1932): diseñador industrial nacido en Alemania, conocido por sus productos de consumo para la compañía Braun, de la que fue director de diseño de 1961 a 1995.

Página 50. De su ensayo «Omit the Unimportant», publicado por University of Chicago Press en 1989, dentro de *Design Discourse: History, Theory, Criticism,* de Victor Margolin, en el que afirma que el diseño debería expresar funcionalidad, no producir un objeto innecesariamente complicado.

Página 76. También de «Omit the Unimportant».

Página 182. También de «Omit the Unimportant».

Rand, Paul (1914-1996): director de arte y diseñador gráfico estadounidense conocido por sus diseños de logotipos corporativos para compañías como IBM, Enron, Westinghouse y ABC.

Página 39. De *Thoughts on Design,* de Paul Rand, publicado originalmente en 1947 y reeditado por Chronicle Books en 2014.

REM: banda de rock estadounidense formada en Athens (Georgia), en 1980, por Bill Berry, Peter Buck, Mike Mills y el cantante Michael Stipe. Fue una de las primeras bandas alternativas de «rock universitario» del mundo, cuyo reconocimiento inicial por parte de la crítica fue seguido por un gran éxito internacional desde 1987 hasta su disolución en 2011.

Página 87. Letra de «Underneath the Bunker», tema del álbum *Life's Rich Pageant* (IRS Records) de 1986, escrita por Michael Mills, William Berry, Peter Buck y Michael Stipe © Warner/Chappell Music, Inc.

Roxy Music: banda de rock inglesa formada en 1971 por el cantante y compositor Bryan Ferry y el bajista Graham Simpson, pioneros, en sus inicios, del glam rock experimental y musicalmente sofisticado.

Página 30. Letra de «In Every Dream Home a Heartache», tema del álbum *For Your Pleasure* (EG) de 1973, escrita por Bryan Ferry. © Universal Music Publishing Group.

Ruskin, John (1819-1900): principal crítico de arte de la era victoriana, destacado pensador social y filántropo. Sus libros más conocidos sobre arquitectura son: *Las siete lámparas de la arquitectura (1849)* y *Las piedras de Venecia* (1851-1853).

Página 160. De la segunda parte de *Las piedras de Venecia,* un exhaustivo análisis de tres volúmenes sobre el arte y la arquitectura venecianos en el que también esboza una historia general de la ciudad.

Scheerbart, Paul (1863-1915). Autor alemán asociado con la arquitectura expresionista y conocido por el libro *Glasarchitektur* (1914). Su excéntrica manera de entender la ficción, el arte y la poesía tuvo una gran influencia en muchos intelectuales, desde el arquitecto Bruno Taut hasta el escritor Walter Benjamin.

Page 155. Texto extraído de *Glasarchitektur*, de Scheerbart, en el que reclama una transformación literal de la superficie terrestre, abogando por el abandono de los ladrillos y el mortero a favor del vidrio de colores.

Page 161. También de *Glasarchitektur*, de Scheerbart.

Seidler, Harry (1923-2006): arquitecto australiano nacido en Austria, considerado uno de los principales exponentes de la modernidad en Australia. Obtuvo la Medalla de Oro del Real Instituto Australiano de Arquitectos en 1976 y la Medalla de Oro del Real Instituto de Arquitectos Británicos (RIBA) en 1996.

Página 16. Respuesta de Seidler a una pregunta del periodista Stephen Lacey sobre su inspiración para la polémica Blues Point Tower en el puerto de Sídney, publicada en el *Sydney Morning Herald* el 28 de setiembre de 2002.

Sejima, Kazuyo (1956): arquitecta japonesa ganadora del Premio Pritzker de Arquitectura en 2010, junto a Ryue Nishizawa, su socio en el estudio de arquitectura SANAA.

Página 159. De una entrevista con Matías Echanove para la revista *EGG,* publicada el 8 de agosto de 2007, en la que Kazuyo Sejima y Ryue Nishizawa exponen su manera de entender el diseño y hablan de la relación entre forma y color.

Simone, Nina (1933-2003): cantante estadounidense, compositora, pianista y activista a favor de los derechos civiles que trabajó en una amplia gama de estilos musicales: música clásica, jazz, blues, folk, R&B y góspel.

Página 44. Letra de «Feeling Good», tema del álbum *Put A Spell On You* (Philips Records) de 1965, escrita por Leslie Bricusse y Anthony Newley. © Sony/ATV Music Publishing LLC, T.R.O. Inc.

Sontag, Susan (1933-2004): ensayista crítica, analista cultural y cineasta estadounidense, considerada una de las personas más influyentes de su generación en el campo de la crítica.

Página 99. En un texto de 1979, Sontag elogia al director Hans-Jurgen Syberberg por su ambiciosa película *Hitler: A Film from Germany*, que, en sus palabras, «está en otra escala de todo lo que se ha visto en el cine. Es un trabajo que exige parcialidad y una atención especial; invita a reflexionar, a volverla a ver».

Sparks: idiosincrático dúo pop de Los Ángeles, que triunfó en el Reino Unido en los años setenta con temas como «This Town Ain't Big Enough For The Both Of Us» y «Amateur Hour» y siguió adaptándose a las tendencias musicales durante las siguientes cuatro décadas con gran éxito crítico y comercial.

Página 110. Letra de «In the Future», tema del álbum *Indiscreet* (Island Records) de 1975, escrita por Ron Mael. ©Warner/ Chappell Music, Inc, Imagem U.S. LLC.

Stereolab: banda anglofrancesa de avant-pop y post-rock formada en 1990, en Londres, por Tim Gane y Laetitia Sadier. Su principal influencia fue el Krautrock de los años setenta, combinado con la música pop experimental y la música lounge.

Página 45. Letra de «The Free Design», tema del álbum *Cobra and Phases Group Play Voltage in the Milky Night* (Duophonic) de 2009, escrita por Timothy Gane y Laetitia Sadier. © Universal Music Publishing Group.

Sullivan, Louis (1856-1924): arquitecto estadounidense considerado por muchos el padre de la arquitectura moderna, al que se le atribuye el influyente dogma «la forma sigue a la función». En 1944, recibió póstumamente la Medalla de Oro del Instituto Americano de Arquitectos.

Página 137. De «Ornamento en arquitectura», publicado por primera vez en agosto de 1892 por la revista mensual ilustrada *The Engineering Magazine.*

Página 142. Sullivan analiza el uso inapropiado del estilo histórico en la arquitectura moderna en el artículo «Kindergarten Chat: A Sketch Analysis of Contemporaneous American Architecture», que se publicó en la revista *The Interstate Architect and Builder*, en 1901.

Página 79. También de *The Engineering Magazine.*

Swift, Jonathan (1667-1745): escritor satírico y clérigo irlandés, conocido por ser el autor de *Los viajes de Gulliver (1726).*

Página 198. Cita extraída de un artículo en el que condena la obra de muchos de sus contemporáneos, de quienes afirma que han corrompido la pureza de la lengua inglesa con jerga, afectación y vulgaridad, publicado en *Tatler* el 28 de septiembre de 1710. En el texto, Swift reclama urgentemente recuperar la formas más austeras de la época isabelina en el vestir, la arquitectura y el sentido del humor.

Talking Heads: banda de rock estadounidense formada en 1975, en Nueva York, por David Byrne, Chris Frantz, Tina Weymouth y Jerry Harrison. Desde sus inicios punk en el célebre club CBGB, el grupo evolucionó rápidamente para combinar elementos de rock, pop y músicas del mundo con un toque vanguardista y una imagen limpia y tecnológica.

Página 46. Letra de «The Overload», tema del álbum *Remain in Light* (Sire) de 1981, escrita Chris Frantz, David Byrne, Tina Weymouth, Jerry Harrison y Brian Eno. © Warner/ Chappell Music, Inc. Universal Music Publishing Group.

Taut, Bruno (1880-1938): arquitecto, urbanista y escritor alemán considerado una de las principales figuras de la introducción de la modernidad en Alemania. Es especialmente conocido por su fascinación por las ciudades utópicas, en las que los espacios urbanos coexisten en armonía con el mundo natural. Su edificio más conocido es el Pabellón de Cristal construido para la Exposición de la Deutscher Werkbund celebrada en Colonia en 1914.

Página 68. De «La Tierra, una buena vivienda», publicado por primera vez con el título «Die Erde eine gute Wohnung» en *Die Volkswohnung: Zeitschrift fur Wohnungsbau und Siedlungswesen,* el 24 de febrero de 1919.

The Gun Club: icónica banda de country punk de Los Ángeles, liderada por el extravagante y errático Jeffrey Lee Pierce.

Página 22. Letra de «Bad America», tema del álbum *The Las Vegas Story* (Animal Records) de 1984, escrita por Jeffrey Lee Pierce. © BMG Rights Management US, LLC.

The Jam: banda inglesa de rock formada por Paul Weller, Bruce Foxton y Rick Buckler, que fue popular en el Reino Unido a finales de los años setenta y principios de los ochenta. Aunque compartían el aire de «jóvenes airados» y el ritmo rápido de sus contemporáneos punk, vestían trajes de sastre y basaban sus composiciones en el rock y el R&B de los años sesenta, lo que les situó a la cabeza del revival Mod de la época.

Página 113. Letra de «The Modern World», tema del álbum *This is the Modern World* (Polydor) de 1977, escrita por Paul Weller © Universal Music Publishing Group.

The xx: banda inglesa formada en 2005, en Wandsworth (Londres), por James Thomas Smith, Oliver Sim y Romy Madley Croft, compañeros de escuela. Sus lánguidas y evocadoras canciones de amor se enmarcan en ritmos electrónicos contemporáneos. La banda ganó el Premio Mercury por su primer álbum homónimo en 2009.

Página 206. Letra de «Angels», tema del álbum *Coexist* (Young Turks) de 2012, escrita por James Thomas Smith, Oliver Sim y Romy Anna Madley Croft. © Universal Music Publishing Group.

Thoreau, Henry David (1817-1862): ensayista, poeta, filósofo y crítico estadounidense, conocido por el libro *Walden,* una reflexión sobre la vida sencilla en un entorno natural, y su ensayo «Desobediencia civil», un análisis sobre la desobediencia en un estado injusto.

Página 85. De *Walden*, publicado por primera vez en 1854 por TIcknor and Fields. La autobiografía ha recibido grandes elogios por su concienzudo examen de la simplicidad, la armonía y la belleza.

Van der Rohe, Mies (1886-1969): arquitecto nacido en Alemania que contribuyó a definir la arquitectura moderna, tanto en Europa como en Estados Unidos, a principios y mediados del siglo xx. En 1930 fue nombrado director de la Bauhaus, cargo que ocupó hasta 1933, cuando clausuró la escuela bajo la presión del régimen nazi.

Página 96. Del discurso pronunciado el 21 de octubre de 1938 en un banquete para celebrar su nombramiento como decano del Illinois Institute of Technology.

Página 104. Van der Rohe analiza aquí los retos a los que tuvo que enfrentarse como director y arquitecto de la urbanización WeiBenhofsiedlung en Stuttgart, construida para la exposición de la Deutscher Werkbund en 1927, como escaparate internacional de lo que posteriormente se conoció como estilo internacional de la arquitectura moderna. La cita aparece en *Modern Architecture* de Kenneth Frampton, publicado en 1980 por Thames & Hudson.

Van Doesburg, Theo (1883-1931): artista, pintor, poeta y arquitecto holandés, conocido por ser el fundador y líder del grupo De Stijl, un movimiento artístico fundado en 1917 en Ámsterdam.

Página 109. De *Hacia una arquitectura plástica de Doesburg,* un cuasi manifiesto de los principios de la arquitectura ideal publicado en 1924 en De Stijl, una revista que promovía el movimiento artístico que llevaba el mismo nombre y a sus principales miembros.

The Velvet Underground: reconocido como uno de los grupos musicales más influyentes de todos los tiempos, nació en Nueva York de la mano del cantante/guitarrista Lou Reed, el multiinstrumentalista John Cale, el guitarrista Sterling Morrison y el batería Angus Maclise. Andy Warhol fue su mánager durante un breve período de tiempo, convirtiéndolos en el grupo invitado en su estudio, The Factory, y en sus eventos Exploding Plastic Inevitable en 1967 y 1968.

Página 40. Letra de «White Light/White Heat», tema del álbum *White Light/White Heat* (Verve) de 1968, escrita por Lou Reed. © Sony ATV Music Pub LLC.

Página 119. Letra de «I'll Be Your Mirror», tema del primer álbum de *The Velvet Underground & Nico* (Verve) de 1967, escrita por Lou Reed. ©Sony ATV Music PubLLC.

Wilde, Oscar (1854-1900): dramaturgo, novelista, ensayista y poeta. Fue uno de los escritores de teatro más populares de Londres a principios de la década de 1890. Conocido principalmente por sus epigramas, por la novela *El retrato de Dorian Gray* (1890) y por sus obras de teatro, como *La importancia de llamarse Ernesto* (1895).

Página 23. De *El retrato de Dorian Gray*, una novela filosófica de estilo gótico, publicada originalmente en julio de 1890 en la revista *Lippincott's Monthly Magazine*.

Página 49. De «El alma del hombre bajo el socialismo», en el que Wilde argumenta que, bajo el capitalismo, «la mayoría de la gente arruina su vida por un malsano y exagerado altruismo». El artículo se publicó por primera vez en febrero de 1891 en *Fortnightly Review*.

Williams, Hank (1923-1953): leyenda de la música country y uno de los cantautores más significativos e influyentes del siglo xx. Nacido en Mount Olive, Butler County (Alabama), Williams se instaló en Georgiana, donde conoció a Rufus Payne, quien le dio lecciones de guitarra a cambio de comida y dinero. Grabó treinta y cinco singles que llegaron a alcanzar el Top 10 en la lista de discos más vendidos de música country publicada por la revista *Billboard*.

Página 110. Letra de «Mansion on the Hill» (MGM Records) de 1948, escrita por Hank Williams y Fred Rose. © Sony/ATV Music Publishing.

Wittgenstein, Ludwig (1889-1951): filósofo austríaco, posteriormente nacionalizado británico, que trabajó sobre todo en el campo de la lógica, la filosofía de las matemáticas, la filosofía de la mente y la filosofía del lenguaje. Se le considera uno de los pensadores más influyentes del siglo xx.

Página 26. Del *Tratado lógico-filosófico,* publicado en inglés en 1922, que incluye muchos de sus conceptos más estudiados, como la relación entre el lenguaje y la realidad y los límites de la ciencia.

Wells, H. G. (1866-1946): escritor inglés conocido por sus novelas de ciencia ficción, como *La máquina del tiempo* (1895), *La isla del doctor Moreau* (1896), *El hombre invisible* (1897) y *La guerra de los mundos* (1898). Fue candidato al Premio Nobel de Literatura en cuatro ocasiones.

Página 215. De *Una utopía moderna*, novela posmoderna ambientada en un planeta parecido a la Tierra, pero en el que los habitantes han establecido una sociedad perfecta. Publicado íntegramente por Chapman and Hall en 1905.

X: descrita como «la mejor banda que la mayoría de los estadounidenses ha escuchado nunca», este grupo de punk rock nació en Los Ángeles en 1977, compuesta por Exene Cervenka, John Doe, Billy Zoom y D. J. Bonebrake.

Página 145. Letra de «In This House That I Call Home», tema del álbum *Wild Gift* (Slash Records) de 1981, escrita por John Doe y Exene Cervenka. © The Bicycle Music Company, Reservoir Media Management Inc.

Índice

Los números de página en *cursiva* hacen referencia a las ilustraciones.

Se ha hecho todo lo razonablemente posible para identificar a los titulares de los derechos de autor de las fotografías. Los errores y omisiones que se notifiquen a la editorial se corregirán en ediciones posteriores. Las abreviaturas utilizadas son las siguientes: D – derecha, I – izquierda, AR – arriba, AB – abajo, C – centro, AD – arriba a la derecha, AI – arriba a la izquierda, ABI – abajo a la izquierda, ABD – abajo a la derecha.

Cortesía de 3.4 Arquitetura, Foto de Joana França 176AR | Agencia fotográfica Caro/Alamy Stock Photo 113 | Academia de Bellas Artes, Berlín, Archivo Luckhardt&Anker, WV62 F.14.4.-3.-4.1. 215 | Alamy 84AB, 116AB | Alan Weintraub/Arcaid 104 | Foto © Albano Garcia 212AB | Foto © Alejandro Peral 45 | Alex Kornhubber 182AR | Alison and Peter Smithson Archivo 110AR | Altamirano Armanet Arquitectura y Construcción Ltda. 82AB | Andrew Phelps 98 | Angelo Hornak/Alamy Stock Photo 187AB | Antoine Lorgnier 190AB | Cortesía de Apollo Architects & Associates 20 | Arcaid Images/Alamy Stock Photo 162AB | Arcaid Images/Peter Aldington 157 | Arquitecto Knud Friis, Friis & Moltke 88AR | Archivo Architectural Press/RIBA Colecciones 7AB, 27AB | Cortesía de Archivo Terragni 39 | Aryeh Kornfeld 130AB | Atelier 5 44AR | Axelrod arquitectos + Pitsou Kedem arquitectos; Equipo de proyecto: Pitsou Kedem, Irene Goldberg, Irit Axelrod, Orit Tsabari Elmaliach; Foto © Amit Geron 51AB | Cortesía de BAK arquitectos 18AB | Balthazar Korab Ltd 185AR | Bas Princen 185AB | BAUHAUS NEO 109AB | Ben Hosking 74 | Cortesía de Besonias Almeida Arquitectos 199C | Bildarchiv Monheim GmbH/Alamy Stock Photo 25AR | Foto © Bill Timmerman. Proyecto: Estudiantes de Taliesin bajo la dirección del profesor Michael P. Johnson IAA. 55AR | Ventana Límite, Japón, Shingo Masuda y Katsuhisa Otsubo Arquitectos 167AB | Brett Boardman, Anthony Browell, Chris Cole 31ABD | Brian Vanden Brink 133AR, 197 | Cortesía de Carlos Ferrater, Foto © Aleix Bagué 71AB | Museo de Historia de Chicago/Orlando Cabanban 168AR | Christiaan de Bruijne, Cortesía 123dv 201AR | Cortesía de Collins and Turner 141AB | Collins and Turner 43 | Copyright Architectuurarchief Provincie Antwerpen, Archivo Stan Leurs/Foto Sergysels 86 | Cortesía de Correia Ragazzi Arquitectos, Foto © Luis Ferreira Alves 200 | Cortesía de Craig Steely, Foto © Bruce Damonte 119AB | Cristobal Palma 176AB, 114AB, 64AB | Danielle Tinero/RIBA Colecciones 16 | © Darren Bradley 82AR, 91AR, 97, 107AR, 129, 150, 153AB, 172–173, 186, 189, 206, 207 | David Židlický 14–15 | Delawie 120AR | Cortesía de Denton Corker Marshall, Foto © Tim Griffith 130AR | Derek Swalwell 136 | Arquitecto: Paul Cremoux W, Foto © PCW y Roberto Beltran 18AR | Cortesía de Diego Montero 191AR | Dimitris Kalapodas/Nicos Valsamakis 23 | Duccio Malagamba Fotografía de Arquitectura 159AR | Foto © Earl Carter 24, 109C | Ed Reeve, Edit Photographic 156AB | Eduard Hueber 131AB | © Edward Birch 30AB | Eisenman Arquitectos 28AB | Cortesía de Elding Oscarson, Foto © Kenichi Suzuki 41AB | Ernst Moritz 54AR | Cortesía de Estudio Arquitectura Campo Baeza 67AB, 70ABD, 85, 138AB, 184AR | Cortesía de Eugeni Pons 188AB | © Ezra Stoller/ Esto 58-9, 63, 92, 93, 107CD, 128, 140, 151 | Filip Dujardin 152AB | FOFI foto & film productions KG 181 | Fundación Le Corbusier 19AR, 21, 32AR | Fotografie Christoph Rokitta 99 | FP Colección/Alamy Stock Photo 29AR | Frank Lloyd Wright © ARS, NY y DACS, Londres 2017 32 | Cortesía de Fran Silvestre Arquitectos 76, 122AB | Franck Eustache 73 | François Charbonnet 94AB | Cortesía de Franek Arquitectos 55AB | Frank den Oudsten 88AB | Gerrit Rietveld © DACS 2017 54AR | Getty Images 62AR | Cortesía de Go Hasegawa 160 | © Grant Mudford 2006 194–195 | Foto © Greg Richardson 168AB | Hans Scharoun 30AR | Cortesía de Hans van Heeswijk Arquitectos 40AR | Colección Hedrich Blessing/Museo de Historia de Chicago/Getty Images 203AB | Foto © Heikki Havas, Museo Alvar Aalto. Circa 1960 158 | Helene Binet 53 | Foto © Hiroyuki Hirai 31AR, 163AR | © Hisao Suzuki 187AR | Hisao Suzuki Photography 29AB | Cortesía de Ian Moore Arquitectos. Foto © Ross Honeysett 118 | Cortesía de Ian Shaw Arquitectos, Foto © Felix Krumbholz 77AB | Imagen cortesía de Museo de Arquitectura de Breslavia 211AR | Cortesía de Inglis Arquitectos 47D | Instituto Lina Bo e P.M. Bardi 161 | Foto © ir Harm Dekker, XYZ Arquitectos (www.XYZarchitecten.nl) 177 | Cortesía de Isay Weinfeld, Foto © Nelson Kon 84AR | Iwan Baan Studio 47I | J. Paul Getty Trust 42, 89AR, 144, 179 | Cortesía de Jackson Clements Burrows 174 | James Dow / Patkau Arquitectos 121 | James Mortimer 62AB | Janet Hall /RIBA Colecciones INTRO 05 | Jean-Marc Besacier 188AR | Foto © Jean-Paul Legros 208AR | Cortesía de Jim Jennings 60 | John Black Lee/ Pedro Guerrero 180 | John Donat/RIBA Colecciones 95 | Jørgen Strüwing 201AB | Cortesía de Juan Carlos Doblado 83AB | Juan Rodriguez 71 | Cortesía de Jun Ishikawa, Foto © Hiroshi Ueda 182AB | Foto © Keld Helmer-Petersen 67AR | Kilian O'Sullivan/VIEW 190AR | Kraide Engenharia/Junior Favaro 135AR | Cortesía de Kraus Schoenberg 44AB | Cortesía de Taller de Arquitectura Kubota Ltd. 51AR | Lance Herbst 24AR | Lawrence Kocher y Albert Frey 206D | Le Corbusier © FLC/ ADAGP, París y DACS, Londres 2017, 142AB, 19AR, 21, 32AB | © Leonardo Finotti 54AB, 108, 134AR, 167AR, 198 | LianeM / Alamy Stock Photo 9AR| Librería del Congreso 66 | Librería del Congreso/Archivo de Edificios Históricos Americanos 132 | Lieve J. Blancquaert 155 | Lode Architectura/Arnaud Lacoste + Jérôme Vinçon / 2012 75AB | Cortesía de Luciano Kruk, Photo © Daniela Mc Adden 164-165 | © Luigi Snozzi 131AR | Mack Scogin Merrill Elam Arquitectos/ Timothy Hursley 133 | © MADA s.p.a.m 166AR | Foto © Marcelo Cáceres 32AB | Marcin Tomaszewski 48 | Mario Martins/Fernando Guerra [FG+SG] 50 | Mas Fernández Arquitectos/Nico Saieh 141AR | Maziar Behrooz Architecture 19AB | Michael Graves Architecture & Design 110 | Michael Jacobs/Alamy Stock Photo 142ABD | Foto © Michael Moran 112AR | Michael Nicholson 61AR | Mies van der Rohe © DACS 2017 14, 25AR, 203AB, 205AB | Miguel de Guzmán García Monge 208AB | Mount Fuji Architects/Mr. Suzuki 126–127 | N MAEDA ATELIER/Toshihiro 96AR | Foto © Nelson Garrido 83AR | Foto © Nelson Kon 212AR | © Nic Lehoux 190AR | Nick Dawe/Arcaid Images 115 | Photo © Nick Kane 89AB | Nicolas Saieh 90AB | Norman McGrath 135AB | ODOS Architects, Oaklawn Construction, Ros Kavanagh 137 | OOA | Office O Architects, Magalie Munters, Villa MQ, Tremelo, Bélgica, 2015 202AB | Foto © OpenHomesPhotography.com 41AR | Oscar Niemeyer © NIEMEYER, Oscar / DACS 2017, 7[02] | OTTO/Åke E:son Lindman 204AR | Pasel-Kuenzel Arquitectos/Marcel van der Burg 96AB | Paul Bardagjy 123AR | Paul Marotta/Getty Images 175 | Paul Tierney 75AR | Paul Warchol 64AR | Foto Scala, Florence/bpk, Agencia para el Arte, la Cultura y la Historia, Berlín 72 | Foto © Pino Brioschi 94AR | Pitsou Kedem Architects, Diseño y urbanismo: Irene Goldberg, Pitsou Kedem; Arquitecto: Hila Sella; Estilismo: Eti Buskila e Irene Goldberg; Fotografía Amit Geron 213AR | Anders Hviid 106 | Pol Viladoms 169 | Project Photographer: Borzu Talaie 65AR | Ramón Fernández-Alonso Borrajo 70L | Rauno Träskelin 49 | Raymond McGrath/Arcaid Images 211AB | © Rene Burri/Magnum Photos 178AB | René Rötheli, Baden. Cortesía de Liechti Graf Zumsteg 87 | RIBA Colecciones 40AB | Richard Bryant/Arcaid images 28AR | Richard Powers 36 | © Robert Frith - Acorn Photo. Cortesía de David Barr Architects 38AR | Roberto di Trani, Kim Müller, Reiulf Ramstad Arquitectos 154 | © Roger Straus III/Esto 122AR | © Roger Taylor / Telegraph Media Group Limited 2004 183 | © Roland Halbe/Artur/VIEW 205AR | Scott Frances/ OTTO para Gwathmey Siegel & Associates Architects 210 | Scott Frances/OTTO 196 | Scott Mayoral Central Meridian Photography 90AR | Sergio Pirrone Photojournalism 202AR, 166AB | Shinichi Ogawa 203AR | Shinjirou Yamada 74AB | Shinkenchiku-sha 134AB | Foto © Simon Devitt 65AB | Simon Scott 52AB | Simone Rosenberg 120AB | Small Projects 27AR | © SOBAJIMA, Toshihiro, Cortesía de Atelier Norisada Maeda 46ABI | Steve Hermann 102-103 | Studio mk27 - Marcio Kogan + Bruno Gomes. Interiores: studio mk27 - Diana Radomysler, Foto © Nelson Kon 199AR, 68 | Studio mk27 - Marcio Kogan + Samanta Cafardo. Interiores: studio mk27 – Diana Radomysler. Foto © Fernando Guerra 25AB, 162AR, 199AB | Studio/Leonardo Finotti 91AB | Cortesía de Studio2 Arquitectos, Foto © Patrick Reynolds 77AR | Suppose Design Office/Toshiyuki Yano 184AB | Takeshi Hosaka/Tokio JAPÓN 142I | Takumi Ota 214 | Teeland Arquitectos 114AR | Foto © Teigens Fotoatelier/ Dextra Photo, Museo de Ciencia y Tecnología de Oslo 209 | Tham & Videgaård Arkitekter, Foto © Åke E: son Lindman 107AB | The Print Collector/Getty Images 116AR | Instituto Weizmann de Ciencias 152AR | Thomas Herrmann 153AR, 191AB | Thomas Phifer 138AR | Tim Crocker 143ABI | Tim Hursley 143AD | Tim Street-Porter 22| Tim van de Velde 112AB, 163AB | Foto © Tomáš Manina 111 | Toshiyuki Yano 145 | Vaclav Sedy 139 | Foto © Vangelis Paterakis 178AR | VDV ARQ 123AB | Victor Brigola, Oliver Schuster, Alemania 33 | Victor Gubbins, Pedro Gubbins, Gubbins Arquitectos, Guillermo Perera/ Fotografía: Marcos Mendizabal 17 | Walter Gropius © DACS 2017 175, 187AB | WARO KISHI + K. ASSOCIATES/ Architects 159AB | © Wayne Andrews/ Esto 52AR | Werner Sobek/Zooey Braun 26, 105 | Wojciech Piwowarczyk 205AB | © Wolfgang Hoyt/Esto 117 | Wurts Bros. (Nueva York, NY)/Museo de la Ciudad de Nueva York X2010.7.2.5976 46ARD

Notas finales

1 *Harlow: The Story of a New Town,* por sir Frederick Gibberd, editado por Jane Morton y publicado por Publications for Companies, Stevenage, en 1980.
2 The Modern House —www.themodernhouse.com— es una agencia inmobiliaria londinense fundada por Matt Gibberd y Albert Hill.
3 *The Modern House*, de F. R. S. Yorke, publicado por Architectural Press en 1934.

Agradecimientos

Queremos agradecer a las siguientes personas de Phaidon su diligente y creativa ayuda en la preparación de este libro: Emma Barton, Nat Foreman, Taahir Husain, Alex Rayner y Mat Smith. Y en The Modern House, gracias a Selima Hill, James Keeping, Paul Lee y Nicola Loughton.

Phaidon Press Limited
Regent's Wharf
All Saints Street
Londres N1 9PA

Phaidon Press Inc.
65 Bleecker Street
Nueva York NY 10012

phaidon.com

Primera edición en español 2017

ISBN 978 0 7148 7490 6

Director editorial: Virginia McLeod
Editor de proyecto: Virginia McLeod
Responsable de la edición española:
Capucine Coninx
Producción: Rebecca Price
Diseño: Hans Strofegen
Búsqueda de ilustración: Sarah Bell, Emma Brown
Maquetación: Karakter Servicios Editoriales
Traducción del inglés: Glòria Bohigas Arnau
Realización de la edición en español:
Karakter Servicios Editoriales, S.L.
Impreso en China